SECRETS
OF THE LOST MODE
OF PRAYER

THE HIDDEN POWER OF BEAUTY, BLESSINGS, WISDOM, AND HURT

無量之網2

正確祈禱，連結萬物為你效力！

桂格・布萊登 *Gregg Braden*——著 達娃——譯

當生命的傷痛撕裂你的靈魂時，我邀請你進入每個人都倚賴的美、祝福、失落的祈禱模式及深層的智慧之中。在這裡，你將在那些懸而未決的事物中重新找到意義，並且尋得能引導你走向另一天的力量。

不管你是經常或偶爾會因為恐懼及不確定感而惶惶不安，都可以在此尋得慰藉！

目次

在開始祈禱之前

第一章 要領一：不需語言，請以感覺祈禱

第二章 要領二：學會原諒，也要學會釋出傷痛

第四章 要領四：在不完美的生命中看見完美

第五章 要領五：創造自己的祈禱

在開始祈禱之前

我們的內在擁有既美麗又狂野的力量。

——聖方濟

聖方濟❶的這句話，描述了存在於每個男人、女人和孩子之內與生俱來的奧祕與力量。蘇菲教派詩人魯米更進一步將這股力量的強度比喻成大槳，讓我們得以在生命中推進。「如果你和我一起用靈魂來推動這支槳，」魯米說，「創造宇宙的力量將進入你力量的根源，而這股力量不是來自你的肢體之外，而是來自存在於我們內在的一個神聖境域。」❷

知識是通往過去的橋樑

透過詩句，魯米與聖方濟都表達了某種超越日常平凡經驗的事物。他們用當代的語言，提醒我們古人稱之爲宇宙最強大的力量，就是那股**讓我們與宇宙結合的力量**。今日，我們稱此力量爲「祈禱」。聖方濟在闡釋祈禱時表示：「生命是祈禱的結果。」他說祈禱爲我們帶來生命，因爲「它灌溉了大地和心靈」。

知識是橋樑，讓我們得以與每位先人連結。我們經過一個又一個的文明，從一人的一生到另一人的一生，各自貢獻出個人的故事，累積成爲集體的歷史。然而，不論我們將過去的資訊保存得有多好，在我們爲這些故事賦予意義之前，故事中的言語不過是「資料」而已。而爲故事賦予意義，正是我們應用對過去的知識，使之轉化爲今日智慧的方式。

譬如幾千年來，前人保留了祈禱、祈禱爲何有用，以及我們可在生活中如何運用等知識。我們的祖先在無數的廟宇和隱藏的墳塚中，透過至少五千年來幾乎不變的語言和習俗，保存了祈禱的強大知識。然而，祈禱的祕密不在於禱詞本身。正如電腦程式的力量，不只存在於撰寫程式的語言一樣，我們必須更深入搜尋，才能找到祈禱時等待著我們的眞正力量。

或許神祕主義者喬治．葛吉夫[3]窮其一生追尋眞理，找到的正是這股力量。他從寺廟到村莊，跟隨過一位又一位老師，追尋著古老線索多年後，來到深藏於中東山區一座祕密的僧院。僧院中一位大師給了他一段鼓勵的話，使他的追尋有了價值，大師說：「你已經找到了能使**心的渴望**成爲你存在現實的條件。」我不得不相信祈禱是葛吉夫發現的條件之一。

要釋放出聖方濟所謂的內在「美麗又狂野的力量」，並找到能使心的渴望成爲現實的條件，我們必須先瞭解我們與自己、世界和神的關係。透過來自過去的語言，我們已得到如何做到這一點的知識。紀伯倫在《先知》一書中提醒我們，他人無法教導我們自己已知的事物。我們的內在理所當然已潛藏著一股必要力量，以便與成就我們之所以存在的那股原力溝通。然而，要做到這點，我們必須先認識自己**實際上**是誰。

世人共有的兩個疑問

人類學先驅路易士·李基❹有回被問及，爲何尋找人類存在的古老證據對他來說如此重要。他回答：「缺乏對我們是誰、從何而來的瞭解，我不認爲我們能眞正地進步。」我相信李基所言不虛，而且眞確到讓我把成年生活大都花在追尋我們是誰，以及瞭解過去的知識如何能幫我們成爲更好的人，創造更好的世界。

我對人類過去奧祕的追尋，讓我的足跡遍布在地球的每一大洲，除了南極洲之外。我從開羅和曼谷這般龐大的城市，旅行到祕魯與玻利維亞的偏遠村落，從西藏喜馬拉雅山區的古老僧院走到尼泊爾的印度廟宇。在體驗各種文化的期間，我發現了一個主要訊息，那就是這個世界的人們已經受夠了以磨難和不確定性爲主流的二十世紀生活。他們已準備好迎接和平及明天會更好的承諾。

儘管表面上，我們的文化和生活方式各自不同，但深入來說，我們都在追尋相同的事物，也就是一片可稱之爲「家」的土地、能養活家庭的方式，以及對自己和子女更好的未來。在這同時，各個文化的人們一而再地直接或透過翻譯，追問著我兩個問題。第一個問題很簡單：「這個世界到底發生了什麼事？」第二個問題是：「我們要怎麼做才能改善現況？」這兩個問題的答案，似乎就藏在我們對今日的祈禱傳統以及過去最古老珍貴的精神傳承之中。

四百年前，在北美洲的西南部沙漠高原上，納瓦霍族❺的智慧守護者在面對來自地球、自然及周遭部落的考驗時，透過值得大家永久典藏與終身學習所經歷的乾旱、烈日及饑荒，理解到他們必須學會駕馭自己**內在的**痛苦，才能忍受**外在**世界的嚴酷環境。他們若要生存，就必須學會這麼做。

他們深刻經歷過最痛苦的磨難後，也發現到同樣的考驗也揭露了他們最大的力量。存活下來的關鍵在於：完全投入生命的挑戰，而且不在經歷中迷失自我。他們必須在內心找到一個「錨點」——能爲內在帶來力量以承受考驗，以及對更好的日子終將來到的信念。他們從這個力量所在出發，帶著信心去冒險、改變生活，並試圖瞭解他們所在的世界。

我們今日的生活，或許與美國建國前幾世紀漫遊在北美西南部沙漠高原的勇者相去不遠。雖然物換星移，情勢有所改變，但我們仍處在各種使信念動搖的情境中，測試著我們情感的極限，挑戰我們要克服傷害我們的一切。在這個充斥著無意義的憎恨，以及不可勝計的失敗關係、破碎家庭與威脅整個社會存活條件的世界裡，在這個許多人描述爲「幾近崩潰」的世界裡，我們的考驗是要在每一天找到能在和平、喜悅和秩序感中生活的方式。

納瓦霍族以古老智慧特有的說服力，描述了一種生命觀——勇於承受與擔當即將發生在我們身上的苦難或事物。這份禱詞稱爲「美的祈禱」，確實用詞在每份紀錄、每個故事中各有不同版本，但我們可以透過三行簡短的詞句來分享祈禱的精神。納瓦霍族的長老透過短短不到二十個字，傳遞了他們精進的智慧，提醒我們內在世界與外在世界的連結，而這是現代科學才剛開始認知到的。

禱詞分為三個部分，每一部分都爲我們改變身體的化學作用及影響世界量子可能性❻的力量，提出洞見。這份禱詞透過最簡約的形式，所要表達的已不言而喻。納瓦霍語說道：「*Nizhonigoo bil iina.*」粗略翻譯如下：

與之而生的美，依之而生的美，藉之而生的美。❼

雖然禱詞的作者早已不可考，但透過這些禱詞的單純性，似乎能讓人在一切幾盡無能爲力時還擁有重生的希望。在除了文字、別無他物的禱詞中，藏著解決人類最大謎題的關鍵，而那謎題就是：我們該如何在生命的傷痛中存活下來？與其消極地躲開一切能爲每天帶來意義的情境，美的力量與祈禱的力量讓我們能縱身投入所經驗的一切，明白我們可能承受的傷痛是暫時的。納瓦霍族透過「美的祈禱」，找到了面對世間苦難時需要的力量、慰藉與方法。

當我們與世界的關係日漸偏離時，像美國西南部的納瓦霍族、西藏僧侶等古老的傳統中究竟還保留了哪些讓我們得以保全的祕密？他們的時代具備了怎樣的智慧，可用來幫助我們在這個時代成爲更好的人，創造出更好的世界？

傷痛、祝福、美與祈禱

我們在先人的知識中找到隱藏的智慧，賦予我們祈求療癒及和平的力量。從古老的諾斯底派❽及猶太愛色尼苦修派❾文字，到全美洲的印第安傳統，傷痛、祝福與美，都被視爲是從巨大考驗中存活下來的關鍵。而所謂的祈禱是一種語言，讓我們能將生活經驗所學到的教訓應用在生命課題中。

從這個角度來看，「智慧」與「傷痛」是相同經歷的兩端，是同一循環的開始與完結。傷痛是我們內在的深層情感，是我們回應失去、失望或是衝擊的一種本能反應；而智慧是我們療癒傷痛的一種歷練。我們藉由在痛苦經歷中發現新的意義，來將傷痛轉化爲智慧。祝福、美與祈禱，則是用來轉化的工具。

二十世紀的基督教牧師山繆爾．修梅克（Samuel Shoemaker），以充滿詩意且簡約得可能誤導眾人的一句話，描述了祈禱對創造改變的力量。他說：「祈禱可能無法爲您改變事情，但肯定能改變您對事情的看法。」雖然我們無法回到過去，去消除最初令人覺得傷痛的原因，但我們確實有力量去改變失去所愛、違背承諾的衝擊以及種種失望對自己的意義。如此一來，即便是在我們最傷痛的時刻，也能打開那扇大門，步上通往具療癒力量的和解之道。

如果對智慧與傷痛之間的關係缺乏認識，我們承受的痛苦將會顯得毫無意義，甚至殘酷，而且還會使痛苦不斷循環，折磨持續不斷。然而，我們要如何使自己有足夠的時間遠離傷痛，以便從過程中找到智慧？當我們經歷了一些幾小時前根本連想都沒想到的失去、背叛而心煩意亂時，又要如何去找到一個情緒出口，讓我們有足夠的時間，讓心中能夠接納其他感受？而這就是祝福力量登場的時候。

祝福是釋放，美是轉換器

「祝福」是古老的祕密，使我們能從傷痛中獲得解脫，爲我們爭取時間找到其他感受來代替傷痛。當我們爲傷害自己的人或事給予祝福時，我們就暫時中止了痛苦的循環。不管中止的時間只是一瞬間或持續一整天，其實都無礙。就在這段祝福期間，開始了我們的療癒之路，讓我們能夠繼續前進。關鍵在於，在祝福的這段時間，我們獲得了釋放，從傷痛中解脫出來，足以使傷痛以外的其他事物進入我們的心靈與心思之中。這某種事物，就是「美」的力量。

最神聖而古老的傳承提醒了我們，不論我們在日常生活中如何詮釋一切事物，美都存在於萬物之中。美已被創造成形，且永遠存在。儘管我們可以修正周遭環境、創造新的關係、遷居到另一地，藉此滿足我們對平衡與和諧千變萬化的想法，但造就美的建築基礎早已存在。

美不僅僅是對賞心悅目之物的欣賞，睿智的傳統對美的描述更是一種觸及我們的心靈、心智與靈魂的**經驗**。就算是生命中「最醜惡」的片刻，若能從中感受到美，這種能力或許能讓我們昇華，並足以爲自己的傷痛賦予新的意義。藉此，美驅使我們投入新觀點；然而問題是，在我們注意到美之前，美似乎一直在蟄伏狀態中，唯有在我們邀請美進入生命時，美才會甦醒過來。

找回與宇宙的連結

我們生活在以經驗爲主的世界中，這個世界藐視我們的感受力，將我們推向自己可以接受的理性與關愛者的底線。面對國界之外的戰爭與種族屠殺，以及因爲社群差異而產生的憎恨，我們如何能感受到和平與療癒的情感？我們若想要超越現處的情勢，顯然必須找到打破傷痛→磨難→憤怒→憎恨循環的方式。

古老傳統以古老的語言，爲我們留下如何做到這一點的準確指示！他們透過這些言語提醒我們「生命」正是反映了我們內在眞實狀況的鏡子，不多也不少。要體驗我們的生命爲美或苦，端視我們在每一天的每一刻，於內在成爲這些特質的能力。愈來愈多的科學證據證實了這項智慧的可信度，以及每個人對這個世界的療癒或苦難所扮演的強而有力的角色。

二十世紀末，實驗證實我們處於一個使我們與世間事件相互連結的能量場中。這個能量場的名稱不一，如量子全像圖（Quantum Hologram）或神之心

（Mind of God）等稱呼，而研究顯示透過這個能量，我們內在的信念與祈禱將會被傳遞到我們**周遭**的世界。科學和古老傳統給了相同的建議：我們必須在生活中**體現**我們想要在這個世界裡**經歷**的狀態。我們找到了一種失落的祈禱模式，而這項指示隱藏在今日地球上最偏遠、與世隔絕的地點。

一九八八年春天，我前往西藏中部的寺院展開為期二十二天的朝聖之旅，尋找一種被遺忘已久的古老祈禱模式——一種對**萬物一體的場域傳達訊息的語言**。寺院中的僧尼與我分享進行這種祈禱的指導，這種祈禱模式在早期基督教會於第四世紀編輯《聖經》後[10]，就在西方世界失傳。這種經世界屋脊的人們保留在文字及傳統中的祈禱模式，既無語言也無外在的表達方式，完全以**感覺**為基礎。

更具體的說法是，這種失落的祈禱模式邀請我們去眞實感受，以一種祈願已經獲得回應般的感受來祈禱，而非在無能為力與有所求時，才向更崇高的力量祈求協助。近年來研究顯示，事實上，正是這種感受的特質，能向與我們連結的能量場表達我們的祈願。透過「感受」的祈禱，賦予我們能力去參與生活及關係中的療癒，也參與我們的身體及這個世界的療癒。

行天使的作爲

要運用這種祈禱模式，關鍵在於能認知到美、祝福、智慧與傷痛隱藏的力量。在我們感受、學習、釋放並從生命中最深刻的傷痛中昇華的這個大循環中，每個要素都扮演了必要的角色。在一份佚名的經文中，記錄了耶穌在近兩千年前的教誨，提醒我們改變世界的力量，以及改變阻擋於我們與該力量之間一切障礙的力量，就存在於我們的內在。他如此簡單地說：「（身爲人類）最困難的事情是懷有天使的思想……行天使的作爲。」⓫

祈禱是神和天使的語言。我們也被賦予這種語言，以便運用智慧、美與恩典來療癒生命中的傷痛與苦難。而要讓自己使用這種宇宙共通語言的能力，可能是我們生命中最大的挑戰。在這同時，這也是我們最大的力量來源。當我們毫不質疑地知道自己已經說著祈禱的感受語言時，我們便喚醒了那無法遭偷盜、遺失或奪取的自我。這就是失落的祈禱模式所藏的祕密。

❶編按，聖方濟（St. Francis of Assisi, 1181 ～ 1226），天主教方濟會創始人。

❷魯米（Rumi）是十三世紀伊斯蘭神祕主義的重要詩人。引文摘錄自 *Love Poems from God, Twelve Sacred Voices from the East and West* 英譯本（Penguin Compass 2002）。

❸編按，喬治．葛吉夫（George Gurdjieff, 1870 ～ 1949）是二十世紀的靈性大師，父親是希臘人，母親是亞美尼亞人。年輕時與朋友組成真理探險隊，用盡一切方法尋找古代智慧，足跡遠至印度、西藏、阿富汗、北非等地。後來整合所學，建立教學體系，幫助人們瞭解生命的實相。

❹編按，路易士．李基（Louis Leakey，1903 ～ 1972），英國古生物學家與人類學家。

❺編按，納瓦霍（Navajo）印第安人是美國亞歷桑那州的一支原住民族，是北美洲現存最大的一支原住民族群。

❻編按，在量子力學裡，最基本層次的物質並不是固態及穩定的，更像是飄忽不定的東西，充滿無限的可能性；並且認為意識可以影響及改變物質。

❼擷取自與布魯斯．雨果（Bruce Hucko）的訪談。Shonto Begay, "Shonto Begay," *Indian Artist*, vol. 3, no. 1 (Winter 1997), p. 52。

❽編按，諾斯底教派（Gnostics）是西元一世紀時一個重視靈知及神祕直覺的基督教派。

❾編按，愛色尼（Essenes）活躍於西元前一世紀及西元一世紀，愛色尼的意思是敬虔、聖潔。該派教徒定居於耶路撒冷東方的死海附近，主張生活要守律法、禁欲，著名的《死海古卷》即為他們所傳。

❿西元三二五年，神聖羅馬帝國君士坦丁大帝召集早期基督教會組成議事團，選輯了部分福音書成為沿用至今的《聖經》內容，當時被刪減的福音書共有二十五部。二十世紀，考古學家發現的《死海古卷》及「納格哈瑪地藏書」等，使我們得以一窺部分「失落」的《聖經》福音書，其中有些在西元三二五年後就不曾面世。

⓫參見《愛色尼派和平福音》（*The Essene Gospel of Peace*），愛德蒙．波爾多．傑克利（Edmond Bordeaux Szekely）編譯。

第一章

要領一：不需語言，請以感覺祈禱

那股原力創造了難以想像的輝煌及不可思議的榮耀，
它已在我們內在尋得庇護所，並將遵從我們的命令。
——聖佳琳（St. Catherine of Siena）

有某種東西在「那裡」。就在我們日常世界的感知能力之外，存在著某種既神祕又令人安心的存在或力量。我們談論它，感覺到它。我們甚至在未瞭解它究竟爲何之前，已經相信了它的存在並且向它祈禱！

古老傳統早就已經知道它的存在，並以「創世之網」（Web of Creation）或「神的靈」（Spirit of God）等各種名字稱呼它，也知道要如何將它應用在生活中。他們以自己當代的語言，爲後世子孫留下詳細指示，描述我們該如何運用這股無形力量來療癒身體與關係，爲世界帶來和平。今天，我們知道連結這三者的語言，即是「失落」的祈禱模式。

失落的祈禱模式

不同於我們過去所慣常使用的傳統祈禱方式，這種祈禱模式沒有語言。它是以人類情緒的無聲語言為基礎，邀請我們感受恩典及感謝，**彷彿我們的祈禱已經獲得回應**。古人相信我們能夠透過這種感受的特質，直接觸及到創世的力量——神之心。

二十世紀的現代科學重新發現了「神的靈」，這是一種不同於所有其他能量形式的能量場。它似乎無所不在，似乎從時間的起點就一直存在著。量子物理學之父馬克斯．普朗克❶說道，這個能量場的存在暗示了某種偉大的智能是物質世界存在的原因。「我們必須假設在這股力量之後，存在著某種具有意識及智慧的心智。」他簡單地下了結論：「這個心智是所有物質的母體（matrix）。」❷現代研究則以諸如統一場（Unity Field）等其他術語來稱呼此一場域，並證實了普朗克所說的母體確實具有智能。正如古人所指出的，這個場域會對人類的情緒產生回應！

不論我們如何稱呼它，也不論科學與宗教如何定義它，顯然有某種東西在那裡——是力量，是能量場，或是存在，這都是個「強大的磁鐵」，能不斷將我們拉向彼此，使我們與更崇高的力量連結。得知這股力量的存在後，我們能以對生命有意義且有效的方式與它溝通，是相當合理的推論。最後，我們可能會發現能療癒我們最深沉的傷痛，並爲國際間帶來和平的這一股力量，也是整體人類存活的關鍵。

西元二〇〇〇年所進行的全球性普查，被視爲有史以來對世界現況最精準的紀錄。在這份揭露我們這個全球大家庭的各種令人信服的統計資料中，最顯著的一項資料是我們幾乎都有一個共通感覺，那就是我們的存在是有意義的，而且我們並不孤單。世界上超過百分之九十五的人口，都相信有更高力量的存在。這些人當中，超過半數的人將那股力量稱爲「神」。

如今，更重要的問題並非是否有某種東西在「那裡」，而是它對我們的生命有何意義。我們該如何與這麼多人所相信的崇高力量交談？幾千年前描述這項自然祕密的古老傳統，也爲我們回答了這個問題。如你所預期的，使我們與神連結的語言，也存在於我們所共有的普遍經驗之中，那是感覺與情緒的經驗。

當我們專注於心中某種感覺時，我們正在使用的，其實是在今日普遍印行的《聖經》在四世紀被編輯後，就被大幅遺忘的一種祈禱模式。要以感覺作爲祈禱的語言，關鍵就在於瞭解祈禱如何運作。而我們在今日地球上最偏遠孤立、最不受現代文明干擾的庇護所中，找到了保存得最好的範例，教我們如何與世間百分之九十五的人口都相信的存在力量溝通。

感覺就是祈禱

我剛聽到的話，令我震驚不已。兩膝下方石頭地板的寒意，穿透了我在這天早晨穿著的兩層衣物。西藏高原的每一天既是夏天也是冬天；高海拔陽光直接照射時，這裡是夏天；當陽光消失在喜馬拉雅山崎嶇山頭，或消失於環繞在我四周的寺院高牆時，就變成冬天。感覺上，我的皮膚凍得就好像與膝下這些古老石板直接接觸一樣，但我不能離開。因爲這裡，正是我邀請其他二十人和我一同步上旅程跨越半個地球的理由。這一天，我們來到今日地球上最偏遠、與世隔絕、壯觀且神聖的知識之地——西藏高原的寺院。

我們花了十四天讓身體適應超過海拔四千八百公尺的高山氣候，坐上手鑿的駁船跨越酷寒的河川，還搭了好幾個小時的中國老舊巴士。我們戴上口罩過濾車底揚起的灰塵，默默地凝視著彼此。儘管巴士看起來就和寺院一樣古老，我們的翻譯堅稱它並沒那麼老舊！我們抓緊四周的座椅，有時也緊握著彼此的手，神經緊繃地行經已遭沖刷消失的橋樑和荒涼無徑的沙漠，體內五臟六腑幾乎就要震出體外；而這一切都是爲了在此時此刻來到這裡。**暖不暖和不是關鍵，今天是得到答案的日子**。

我全心全意看著眼前這位盤坐著、美麗且看似永恆的僧人的雙眼。他是寺院的住持。透過翻譯，我問了他在這趟朝聖之旅中，我對每位僧尼提出的同一個問題：「當我們看著你們祈禱時，你們在**做什麼**？當我們看著你們一天誦經十四到十六小時，看著你們搖鈴、擊磬、打鑼、敲鐘、打手印、持咒時，**你們的內在發生了什麼事？**」

當翻譯傳達了住持的回答時，一股強烈的感受傳遍了我全身，我於是知道這正是我們來到此地的原因。住持回答：「你從未看見我們祈禱，因爲祈禱是看不見的。」他調整了腳下厚重的羊毛毯，繼續說道：「你看見的，是我們用來創造內在感覺的作爲。**感覺即祈禱！**」

如此明晰透徹的答案讓我大爲震驚。他的話呼應了兩千多年前諾斯底派和基督教傳承的觀點。正如住持所建議的，《聖經》〈約翰福音〉（第十六章第二十四節所述）的早期翻譯，要我們透過**處在**渴望已獲得滿足的感覺中，賦予祈禱力量：「不帶隱藏動機地請求，讓**回應包圍著你**。」要使祈禱獲得回應，我們必須超越經常伴隨著正面渴望而來的質疑。在「納格哈瑪地藏書」❸中，記錄著耶穌在一段關於克服這種極端力量的簡短教導後，提醒我們，當我們以這種方式祈禱，並且對山說：「『山，移開吧。』山將會移開。」❹

假使這份智慧在如此漫長的時間中始終如一，那麼就算是今天，也一定對我們有效！寺院住持和古卷以幾乎一模一樣的語言，描述了遭到西方世界遺忘已久的祈禱模式。

來自過去的神聖教誨

祈禱可能是最古老與最奧祕的人類經驗之一，也是最私密的經驗。早在**祈禱**一詞出現在靈性修行文獻之前，最古老的基督教及諾斯底派使用了**交融**（communion）等用詞來描述我們與宇宙無形力量交談的能力。每個人的祈禱都是獨一無二的。有人說，有多少人祈禱，就有多少種祈禱方式！

如今，現代研究祈禱的人將祈禱分為四類，認為這已經涵蓋了我們所有的祈禱方式。這四項分類不具特定順序，分別為：(1)口語式或非正式祈禱；(2)請願式祈禱；(3)例行性祈禱；(4)靜心冥想式祈禱。❺研究者建議我們在祈禱時，使用四者其中之一或自行組合。

雖然這些說明都相當不錯，而且每種祈禱似乎都管用，但這份清單一直缺少另一項祈禱模式——第五種祈禱模式，也就是所謂的「失落的模式」，就是純粹以**感覺**為基礎的祈禱，不是在我們無助時，才向崇高力量求助的祈禱。以感覺為基礎的祈禱承認我們有能力與百分之九十五的世人所相信的智能溝通，並且參與產生成果的過程。

這種祈禱模式既不使用語言，雙手也不用擺成特定姿態，或有任何外在肢體表達，而是單純要我們**感覺**一股清晰、強烈的感受，彷彿我們的祈禱已經得到了回應。透過這種無形的「語言」，我們參與了身體的療癒、參與了親朋的富足、也參與了各國和平的成形。

有時候我們可能看見這種祈禱模式，卻未能認出顯現在眼前的究竟爲何。例如在美國西南部地區，有人在沙漠中築造了古老石造結構當作「禮拜堂」，作爲分享智慧、提供祈禱處所的神聖空間。這些圓形的石造建築被稱爲**地下會堂**（kiva），它們有時深埋在地底下。某些地下會堂的牆面上有蝕鏤、雕鑿或繪畫，透露出原住民傳統如何使用失落祈禱模式的線索。

在美國新墨西哥、科羅拉多、猶他及亞歷桑那這四州交界附近，在重建後的地下會堂內部還保留著長久以來覆蓋在石塊建築表面的灰泥。我們還可以看見輕輕蝕鏤在灰泥上的模糊圖像：雨雲和閃電籠罩著一大片欣欣向榮的玉米田。在其他牆面上，還繪著滿是赤鹿和麋鹿等野生動物的河谷。古代藝術家透過這種方式，記錄了失落祈禱模式的祕密。

在祈禱的場所中，祈禱者讓自己置身於想在生命中體驗的那些事物的影像之中！這和我們今日在教堂中看到奇蹟及耶穌復活的彩繪並無兩樣，這些影像啓發祈禱者在祈禱中感覺祈禱已經獲得回應。對祈禱者而言，祈禱是一種全身體驗，身體的所有感官全都投入。

祈雨

我對祈禱的這個原理如何運作的所有不確定感，都在一九九〇年代初期的某一天消失了。那段時間，新墨西哥州的高原沙漠經歷了嚴重乾旱，我的原住民朋友大衛（化名）邀請我一起到古老的石堆圓環中「祈雨」。一天早晨，我們在約定地點碰面後，我跟著他走過覆蓋著十萬畝高原沙漠鼠尾草的河谷地。走了兩小時後，我們來到一處大衛在此之前造訪過多次且非常熟悉的地點。這是個由石頭排列成的圓，圓中還有用石頭排列成的完美直線和箭頭等幾何圖形，一切都還維持著很久以前建造者擺放的模樣。

「這是什麼地方？」我問他。

「這是我們來這裡的原因。」大衛笑著對我說。「這個石堆圓環是個藥輪（medicine wheel），從我族人有記憶以來它就一直在這裡。」他繼續說道，「藥輪本身並沒有力量。它只是負責爲啓動祈禱的人提供一個專注的場所，你可以把它想像成是一張地圖，是介於人類與世界原力之間的地圖。」大衛預期到我接下來要問的問題，便接著描述他從小時候就開始接受這個地圖語言的教育。他說：「今天，我要步上前往其他世界的古老路徑。我將從那些世界中執行我們今天來這裡的目的。今天，我們要**祈雨**。」

我接下來所目睹到的，完全出乎意料之外。我仔細看著大衛脫下鞋子，光著腳丫輕輕地踏入了圓環中，接著他先向四個方位及所有的祖先敬拜。然後慢慢地將雙手擺在面前，做出祈禱姿勢，閉上眼睛，動也不動。他完全無視於沙漠正午酷熱的陽光，他的呼吸緩慢到幾乎無法察覺。過了片刻後，他深呼吸了一口氣，睜開眼看著我說：「走吧。我們的任務完成了。」

我預期會看見某種舞蹈，至少也要來點唱誦，因此非常驚訝他的祈禱這麼快地展開又結束。「已經好了？」我問他，「我還以為你要祈雨呢！」

大衛對這個問題的回答，是幫助許多人瞭解這種祈禱的關鍵。他坐在地上綁著鞋帶，同時面帶微笑抬頭看我。他答道：「我是說我要**祈**雨，但假使我是**為了**雨而祈禱，那絕對不會有用。」當天稍後，大衛解釋了他這句話的意思。

他開始解釋部落長老如何在他小時候教導他祈禱的祕密。他說，關鍵在於**當我們請求某事將要發生時，我們就會賦予相反的力量**。例如，**為了**療癒而祈求，就形同賦予疾病力量；**為了**雨而祈求，就是賦予乾旱力量。他說道：「持續**為了**這些事物請求，只會賦予我們想要改變的事物更多力量。」

我經常想起大衛的話，以及這對我們今日生活的意義。例如，假使我們**為了**世界和平而祈禱，同時對於導致戰爭的人，乃至戰爭本身充滿了憤怒，我們可能在不慎中爲這些導致相反於和平的條件火上加油。如今世界上有半數國家處在武力衝突中，我經常好奇每天數百萬件**為了**和平而做的祈禱，到底產生了什麼作用，然而只要觀點稍微轉移，或許就能改變這個法則。

我回看著大衛問他：「如果你剛剛不是**為了**雨而祈禱，那麼你做了什麼？」

他回答：「很簡單，我開始去體驗**我對雨的感受**。我感覺到雨落在身體上，還體驗到下了許多雨後，雙腳陷在村中廣場泥巴裡的感受。我聞到雨落在村裡泥牆上的味道，也體驗到因爲雨量豐沛而能走在及胸高的玉米田中的感受。」

大衛的解釋非常合理。他投入所有的感官感受，包括思緒、感覺及情緒等使我們與其他生物有所不同的隱藏力量，還有嗅覺、視覺、味覺及觸覺等使我們與世界產生連結的感官感受。在祈禱中，他運用了能向自然「表達」的強力古老語言。他接下來的解釋觸動了我的科學心智，讓我眞正產生共鳴。

他解釋完雨的祈禱後，接著描述了感謝與感激等感覺能使祈禱得以圓滿，就像基督教的一句「阿門」一樣。大衛說他不是爲自己所創造的表達謝意，而是爲有機會參與創造過程而心懷感激。「我們透過感恩，尊重所有可能性，並於此同時將自己的選擇帶到世間。」

研究顯示，正是這種感恩與感激的特質，促使維護生命的強力荷爾蒙得以被釋放到體內，強化我們的免疫系統。經由連結所有造物的神祕物質管道，量子效應要傳送到人體**之外**的，正是我們**體內**的這些化學變化。在流傳已久、如此單純的知識中，大衛分享了這份精緻的內在科技，也就是失落的祈禱模式的智慧。

假使你還沒試過，此刻我邀請你親自嘗試這種祈禱模式。想著某種你希望能在生活中做到的事，任何事都行；可能是你或某人的身體需要得到療癒，或是家人的富足，或是找到完美伴侶共享生命。不論你想的是什麼，不要直接祈求讓所求出現在生命中，而是要把願望當成已經發生般地感受它。深呼吸，感受祈禱的圓滿性，在每個細節、每個方面都獲得滿足。

現在，爲祈禱已得到回應心懷感激。注意到從感恩心情中所浮現的放鬆與解脫感，這與尋求協助時所出現的渴求與渴望不同！放鬆與渴求之間微妙的差異，正是讓**請求不同於接受**的力量。

以神之心夢想

愈來愈多的發現證實了某種過去不爲人知的能量形式確實存在，這或許能解釋大衛這種祈禱方式爲何能夠奏效。這種微妙能量場的運作方式，與我們通常習慣測量的能量不同。雖然這不全然是電力或磁力，但這些熟悉的力量是統一場的一部分，而統一場顯然包容了萬物。由於我們對此一場域的認知仍非常陌生，科學家尚未能提出一個統一名稱。在研究報告及書籍中，它的名稱不一，包括量子全像圖、自然之心到神之心等各種名稱都有。但不論我們決定如何稱呼它，這股能量似乎是我們用來雕琢生命事件的活畫布！

科學家有時爲了幫助人們在視覺上理解這個場域的模樣，而將它描述成一張用萬物等基本纖維緊密織成的網，亦即「神的心毯」。在諸多定義這個能量場域的方式中，我認爲最有幫助的方式，是將它想像爲生活在空無之中的「東西」。當我們看著自己與他人之間的空間，或者任何事物之間的空間，並且認爲這空間是一片空無時，這個場域就在那裡。不論我們想像的是舊式原子模型中的核子與第一層電子之間的空間，或是星辰與星系之間看似空無的浩瀚距離，空間的大小對此並無差異。那場域就在空無中。

如今，對於此一場域的現代認知，使我們能在科學對話中有個能理解靈性智慧的語言和脈絡。例如，有人相信這個場域就是古人所謂「天堂」的所在，是人死後靈魂的去處，是入睡時做夢的地方，也是意識的原鄉。

連結所有萬物的能量場，它的存在改變了科學家百年來對於世界的想法。一八八七年著名的米克森與莫爾里實驗成果❻，使科學家得到世間發生的事物之間並無關聯的結論，也就是某人在世界的一方所做的事情，對於世界另一方的他人並無影響。如今，我們知道這並不正確。透過包容了整個世界的能量之毯，我們全都以某種我們才剛要開始瞭解的方式相互連結。

不說謊的鏡子

古老的智慧告訴我們這個場域除了連結萬物之外，也爲我們提供了一個反應**內在經驗**的**外在鏡面**。這個場域是會悸動、閃耀且活生生的物質，並且具有某種回饋機制。萬物透過這個場域，以關係、事業和健康等形式反映出我們內在最深處的感覺與思緒。在這面鏡子中，我們看見的是自己眞實的信念，**而不是我們想要相信的事物！**

想在視覺上理解這面鏡子的運作方式，我有時會想起科幻電影《無底洞》（*The Abyss*）中的「活」水。在黑暗未知的海床深處，一種神祕的海底生命現身在孤立無援的深海探險船艦上（我只會簡單描述，以免你還沒看過電影就壞了你看的興致）。這種如外星生物般的非實體能量必須透過某種實體物質來表現自己，因此它選擇海底最豐沛的媒體，也就是海水。它化身爲有智能卻無止盡的水柱，來到失去動力的船艦上，蜿蜒穿梭於通道與閘門之間，找到聚縮於一室以節省能源的船員。

在此出現了鏡面的意象。當這水體形狀的生命體自地板升起，抬起水柱末端平行直視著船員時，神奇的事情發生了。當某個船員看著水柱末端時，它就反映出船員當下一模一樣的面容。船員的臉微笑，水柱也微笑；船員大笑，水柱也反映出那樣的面容。這道水柱只是單純地對面前的人反映出他當下的模樣，不會加以評判，也不會試圖強化或改變現前的模樣。

「神之心」的場域似乎正是以這種方式運作，它涵蓋了我們內在模樣的映像，以及我們展現於外的自己。

西藏住持說：「感覺即祈禱。」這和北美原住民以及基督教、猶太教傳統大師們的教導一致。我心想：**多麼強而有力！多麼美麗！多麼簡單！**感覺才是「神之心」認得的語言；感覺是大衛用來邀請雨下降在沙漠的語言。這是一種非常直截了當的方式，我們往往很容易就誤以爲這個原理應該要比實際所需更複雜才是；這也解釋了爲何我們會完全錯失了這種祈禱方式。

意識具有創造力！

這個場域，只是單純地將我們的感受反映在我們的生活經驗中。兩千五百年前的古文字，精確地描述了這個智慧，也指出此一智慧比記錄它的書頁更古老。例如，《愛色尼派和平福音》（*The Essene Gospel of Peace*）說道：「我的子女，你知道你既非地球，也不是居於其上的一切，而是天父王國的**映像**（reflection）嗎？」❼一如石頭投入水中後會產生放射狀的波浪，我們有時無意識的思緒、感覺、情緒和信念，同樣會「擾動」這個場域，而成為我們生活的藍圖。

我們往往會因為這個原理只用幾句話去解釋而半信半疑。然而，古人不需要一堆科技術語或含糊其詞的科學討論，就能領略這其中的簡單道理：日常生活的事件與我們感受的性質直接有關。這深奧智慧的透澈清晰，將健康與和平的責任抽離了「機率」和「厄運」的範疇，而把這些責任放在我們手中。

雖然某種智能場域的存在並不是什麼新概念，但現代的物理學家為此概念賦予了更高層次的考量與主流接受度。普林斯頓大學物理學家約翰·惠勒（John Wheeler）博士與愛因斯坦同年代，他對這個連結萬物的能量場所做的物理詮釋可能是目前最好的。我記得讀過一篇他在二〇〇二年一場大病後接受採訪的文章。當他被問到此後的工作方向時，回答他將這場病及復原視爲一個機會。這個機會是個觸媒，使他想要專注於某個困惑他許久的問題。

採訪者問他：「那是什麼問題？」惠勒回答說，他此後打算致力於瞭解意識與宇宙之間的關係。在傳統物理世界中，這段聲明足以撼動已知理論，使已作古的現代物理教科書之父們從墳墓中爬出來！歷史上，與意識有關的概念，絕對不會和宇宙的組織結構一起出現在同一個句子裡。

然而，惠勒並未就此打住。在接下來的幾年裡，他詳細闡述了自己的理論，進一步認爲意識不只是宇宙的副產品。他指出，我們生活在一個「參與式」的宇宙。「我們是一個持續發展中的宇宙的一部分。」他說：「我們是觀看著自己，**建造著自己**的一片片微小宇宙。」惠勒這項敘述隱含的意義非常廣大。他以二十世紀的科學語言，重述了千年前的古老傳統所描述的：負責創造的是意識！

當我們為了尋找宇宙極限而窺探宇宙，或凝視著原子的量子世界時，窺視舉動本身創造了供我們觀看的事物。意識期待看見某物的心態，也就是有某種東西可看的感覺，就是在創造。

比起二十世紀（以及今日的二十一世紀）受崇敬的科學家約翰．惠勒，古籍對「我們透過一個重要卻經常受忽視的觀察細節進行創造之實」的這個概念有更詳細的解說。古籍記載我們在觀看時的信念品質，決定了意識所要創造的事物。

換句話說，當我們透過分別心、憤怒、傷痛和憎恨的鏡片去觀看自己的身體和世界時，量子鏡面將會以家庭失和、身體疾病及國家間的戰爭來反映出這些感覺。

倘若真如大衛和寺院住持所說，感覺即祈禱，那麼當我們**為了想讓**某事物發生而祈禱時，當下傳達出的感覺是那個事物並不存在生命中，因此我們所做的，其實與自己的祈求正好背道而馳。

反過來說，假使我們從同理心、感激、智慧與愛的角度來觀看自己時，這些將會是我們可預期看見的映像，也就是家庭與社群的相互支持與關愛，國家之間的和平與互助。其中的種種可能性可想而知……

運用我們所知

這種中立及參與式的宇宙原理，或許能夠開始回答許多人問過的問題：「假使祈禱如此有力量，那麼爲何我們似乎愈是祈禱和平，情況就愈是惡化呢？」在不帶偏見或評判的狀態下，我們在不安世界中所目睹的混亂，是否單純只是此一場域對我們認爲和平不存在的信念所做出的反射影像呢？亦即「請**讓**和平降臨」的呼求是以混亂的形式反射回來？若是如此，那麼眞正的好消息是我們對於這面鏡子運作方式的新瞭解，可以鼓勵我們改變對此一場域要說的話。

這正是爲何失落的祈禱模式，能對生命帶來極大貢獻的原因。不論我們談論的是持久的關係、完美的工作或治療疾病，原則都一樣。我們只需要提醒自己，構成一切萬物的基礎「物質」，是個會反映出我們所感所受的可塑性的要素。所以，我們必須先感受到想要事物已是眞實狀態，才能進行創造。假使能在心中感覺到它，不只想著它，而且**真正地感覺到它**，它就有可能出現在生命中！

以和平爲例，我們知道和平始終都存在著，而且此刻正存在於某處。同樣的，健康和幸福也一樣，它們始終存在於某處，或者在我們的生命中以某種形式存在著。關鍵在於如何磨練這些經驗的正面特質，帶著感謝及感恩的心，視世界爲已然如是的模樣。若能這麼做，將可開啓更多可能性。我們已經見識到當數百萬人一起**為**和平祈禱時，所發生的狀況。那麼假使有數百萬人能對已經存在的和平懷有感恩和感謝的感覺時，又會是怎樣的情況呢？這實在值得一試！

雖然對許多人而言，以這種方式來思考自己與世界的關係似乎有違常情，但對其他人來說，卻與他們的信仰和過去的經驗完全一致。科學研究支持這些原理，而且發現當一群人透過靜心冥想及祈禱抒解緊張時，其效果在這群人**之外**也能感覺得到。

一九七二年，美國二十四個人口超過十萬的城市，在僅有百分之一的人口（一百人）參與活動時，卻讓所屬的社群人人都經歷到具有意義的改變。這些實證和類似研究最後促成一項指標性計畫「中東國際和平計畫」的產生，成果於一九八八年刊載於《衝突解決期刊》（*The Journal of Conflict Resolution*）❽。

一九八〇年代初期在以色列—黎巴嫩戰爭期間，研究人員訓練一批人，讓他們在體內「感受」到和平，而非只是單純地在腦海中想著，或是祈禱和平到來。

每個月的特定日子、每天的特定時段，這些人被安置在飽受戰爭蹂躪的中東地區。在他們感受到和平的那段時間，恐怖事件、犯罪、急診、交通意外的發生頻率都下降了。然而，當參與者停止該活動時，上述的統計數字則逆轉上升。這些研究確認了早期的發現，那就是：當小部分人口能夠在內在達到和平時，和平現象也會反映在其周遭世界。

研究結果也將一週的哪幾天、假日，甚至連月週期都考慮在內，由於結果始終如一，研究人員因此得以確認，要使內在的和平經驗反映到周遭世界所需的最少人數是百分之一人口數的平方根。以此公式得出的數字，可能比我們預期的人數更少。例如，在一百萬人的城市中，總計只需一百個人；在六十億人口的世界裡，只需要八千人。這個算式，代表的是啟動此程式所需要的最少人數。參與者愈多，效應就愈快發生。

這些研究顯然值得更深入探索，它們同時也已證實這種效應不是機率問題。

我們內心最深處的信念，其性質顯然影響著外在世界的品質。以此觀點來看，包括身體的療癒到國際間的和平，以及生意、關係及事業的成功，到婚姻的失敗、家庭的崩離等等，都應該被視爲是我們自身的映像，是我們對生命經驗所賦予意義的反射影像。

統一場域的存在，不僅回覆了先前關於「世界到底發生了什麼事？」的問題，也邀請我們向前更邁進一步。這項現代/古老的智慧在傳達以感覺爲基礎的祈禱知識之外，也教導我們如何使所有一切變得更好。假使世界和身體反映的是我們的想法、感覺、情緒及信念，那麼在當前破碎家庭、失敗關係和失業的數量都屢破紀錄以及身處戰爭威脅之下，我們對世界所懷有的感覺，其重要性要比過去任何時候都重大。

顯然，爲了使世界之鏡反映出正面、肯定生命且持續改變，我們必須給予這面鏡子某些事物來映照；而這正是祈禱的語言與結合萬物的「神之心」之間一種微妙又威力強大的關係。以感覺爲基礎的祈禱會**改變我們**，而不是企圖使世界隨我們的期望改變。**我們一改變**，世界隨即同步反映出我們的改善之處。

「祈禱改變的不是神，而是祈禱的那個人。」這是十九世紀丹麥哲學家齊克果（Søren Kierkegaard）所說的話，只用幾句話就能將此洞見陳述得淋漓盡致。

那麼，我們要如何改變自己對傷痛所懷有的感受呢？這就是眞正得開始用心的地方了！

世界是一面鏡子

不帶任何的偏見及評判，「神之心」的靈性鏡面爲我們反射出我們自身的想法、感覺、情緒及信念，也照見了我們自己變成了什麼模樣。換句話說，我們的傷痛與恐懼、愛與慈悲等等的內在經驗，會大大影響了我們的工作、關係、富足，乃至於健康。因此我們觀看世界的方式，其最主要的關鍵不在於我們表達在外的「作爲」，而是我們想「成爲」的模樣——也就是，我們對於自己的作爲所抱持的**感覺**。

讓我們舉個例子來協助釐清這一點。假設你或某個你認識的人正在上靈性課程，課程內容是探討感覺、情緒和祈禱等內在信條，以及這些平和的內在經驗對世界的影響。基於不可預期的原因，下課逾時約三十分鐘。你爲了趕上一場和平集會，在下課燈未亮起、門未打開前就衝出教室，奔向停車場，倒車時粗心大意地撞了其他三輛車，然後在公路上一路飛馳，還突然跨越三個車道衝向交流道到出口，使自己和他人的生命遭受危險。那麼，你根本就錯失了重點！

或許進一步認識這面微妙而有力的鏡子，有助於瞭解我們在今日世界所體驗到的種種。從此一角度來看，我們在電視、新聞媒體和周遭世界所見到的一切，正是我們**過去**在家庭和社群中滋養的信念反射而成的映像。

同樣的，我們在戰爭或天災中目睹到愛、慈悲與奉獻的有力案例，也不只是部分人士在災區付諸人道努力而已。他們反映的是，當我們能超越生命中的傷痛時，能夠發生的最佳可能性。一旦認知到世界是依自身信念反射而出的映像後（假使這種關係真的存在），那麼所產生的力量，對破壞性信念和療癒信念必然都一樣有效。我們想要世界改變，我們就是改變的其中一部分。而其關鍵在於：辨認出改變的語言！

❶編按，馬克斯．普朗克（Max Planck, 1858 ～ 1947），德國理論物理學家，一九一八年諾貝爾物理學獎得主，他的發現開啟了量子力學的研究。

❷普朗克於一九一七年於義大利佛羅倫斯的一場著名演講中，以這段提及自然界無形之力的陳述震驚世人。他顯然走在時代潮流之前，在量子物理學於實驗室中證實統一場域存在的八十年前，他就提出了這項洞見。

❸編按，納格哈瑪地藏書（Nag Hammadi Library），這一批藏書發現於埃及的納格哈瑪地小鎮，包括福音書及諾斯底教派的經書抄本。

❹見〈多瑪斯福音〉（*The Gospel of Thomas*），納格哈瑪地藏書。James M. Robinson 編，Claremont, California (Harper San Francisco, 1990), p. 137。

❺口語式祈禱是以日常用語說出的非正式祈禱。例如：「親愛的神，只要這一次我能在油表降到零之前找到加油站，我發誓以後絕對不會再讓油箱見底。」請願式祈禱是對諸神的請求，例如：「萬能的神，此刻我要請求完美的療癒，在過去、現在和未來使療癒能具體實現。」例行性祈禱最為人所熟悉，這類祈禱往往會發生在一天或一年中的特定時間，以特定的禱詞說出。有些人會將靜心冥想與祈禱分開，認為祈禱是對神「說話」，而靜心冥想則是「聆聽」神。在靜心冥想時，我們通常會察覺到某種神聖的存在蔓延於世間與自身之內，並且運用各種宗教方式來體驗這股存在對生命的意義，以及如何駕馭這股存在。

❻米克森－莫爾里（Michelson-Morley）實驗，是為了一勞永逸地證實是否有某種神祕物質包覆著所有萬物、連結生命中所有事件而進行的一個實驗。雖然實驗的想法非常創新，但實驗結果受到各種詮釋與爭議。這實驗有點像是把手指高舉到頭上，測試風的存在，因為沒有感覺到風，就得出空氣不存在的結論。實驗之後，物理學家據此推論「乙太」不存在，因此發生在某處的事件對世界其他地方並無影響。如今我們知道事實並非如此。http://galileo.phys.Virginia.edu/classes/109N/lectures/Michelson.html

❼這段強而有力的聲明，提醒我們世間的有形物質都源自於另一個無形的造物領域。我們視為關係、健康、疾病、和平及戰爭的一切，只不過是發生在所謂「次元」或古人所謂「天堂」的更高層次的投影。Szekely, *The Essene Gospel of Peace, Book* 2, p. 45。

❽ David W. Orme-Johnson, Charles N. Alexander, John L. Davies, Howard M. Chandler, and Wallace E. Larimore, “International Peace Project in the Middle East,” *The Journal of Conflict Resolution*, vol. 32, no. 4 (December 1988), p. 778。

第二章

要領二：學會原諒，也要學會釋出傷痛

你若將內在所擁有的呈現出來，它將使你得救。
否則，它將摧毀你。
——〈多瑪斯福音〉

耶穌說：「你若將內在所擁有的呈現出來，它將使你得救。」

❶追根究柢，活在每人心中的愛，正是我們體驗到的療癒之根源。然而，要感受到愛，我們必須要更容易接受傷痛。傷痛使我們知道自己的感受可以多深刻。對內在傷痛的感受能力，以及對他人傷痛的同理心，能夠顯示出我們的愛究竟能有多深。簡單來說，我們有時得以傷痛爲代價，來察覺自己已經擁有療癒自我所需要的愛。有時候，僅僅明白智慧、傷痛與愛之間的關係，就足以快速將我們轉移到另一端，開啓療癒過程。

神哪兒去了？

一開始，電視螢幕上的畫面對我來說毫無意義。雖然畫面中的地景很陌生，但在過去幾星期來，如此刻電視上正在播送的畫面，竟變得稀鬆平常：四處一片混亂，各種年紀的人四處奔逃，髒亂、燒傷、驚嚇。我才在澳洲雪梨剛教完整天的課，回到飯店房間打開電視收看新聞。當我移近電視時，才慢慢明白過來眼前播放的是什麼畫面。

當地電視台正播放來自俄羅斯貝斯蘭市第一小學的現場畫面❷，全程未經剪輯。幾天前，開學的第一天，數百位學童和家長遭到恐怖分子挾持。局面僵持數日，接著顯然事情有了變化。當一切塵埃落定後，最後的傷亡數字非常驚人。約一千兩百名人質被挾持在體育館中，其中近三百五十人遭到殺害。死者中半數爲幼童，只因爲幾個人的憤怒、失去理智而讓小小的生命就此從人間消失。

個別家庭的採訪，使我們對當天情況有更全面地認識。全市每條街上都有人失去親友，或認識的人有親人遭遇不幸。許多人失去了不只一位家人。有位市民，凡塔里．卡洛夫（Vitally Kaloev）埋葬了全家人，包括妻子、兒子和女兒。牧師太姆拉司．托地耶夫（Teymuraz Totiev）和妻子埋葬了五名子女中的四名：八歲的波里斯、十一歲的阿爾比納、十二歲的路巴和十四歲的拉麗莎。他們的第五個女兒瑪迪娜受了傷，正在家中休養。在這場命運悲慘曲折的事件中，托地耶夫牧師的哥哥（也是一位牧師）及其妻子也失去了兩個子女。

貝斯蘭事件所帶來的震撼，程度不亞於紐約的九一一事件，使人難以理解眼前事件爲何會發生。就連那些信仰固若磐石的人，也發現自己的信念遭到這場殘暴悲劇的考驗。

英國坎特伯雷（Canterbury）聖公會主教羅文．威廉斯（Rowan Williams）坦承，當他看到無辜兒童遭到屠殺時，一度動搖自己對神的信心。他問道：「在貝斯蘭，神哪兒去了？」❸這些話，深切傳達出許多人私下的傷痛。貝斯蘭居民的震驚、無法置信及深深的傷痛，透過媒體傳達到世界各地，世人也體驗到了這些感受。在那一天，千百萬人的心和祈禱都與俄羅斯人同在，他們全都分擔了那場傷痛經驗。

不論是俄羅斯貝斯蘭人質挾持事件或美國九一一事件，或是個人的私生活，我們應該如何面對突如其來的失落與悲劇，這是每一個人在一生中都必須回應的問題。儘管傷痛的經驗大家都有，但處理傷痛的方式卻因人而異。

假使我們放任失望和失落的傷痛懸而不決，它們終將摧毀我們的健康、生活以及我們最珍視的關係。但是，我們若能在傷痛中尋得智慧，就能爲最痛苦的經驗賦予新意義。如此一來，我們將可爲自己、家庭和社群，讓自己變成更好的人。而這正是我們建造更好世界的方式。

我們能承受多少傷痛？

幾世紀來，人們早已知道並尊重那股等待著我們超越苦難的力量。西元二世紀的「納格哈瑪地藏書」，早已透過對當時和今日都有意義的文字，描述了這股力量。古諾斯底文字也留下訊息，暗示我們面對苦難時的脆弱是通往療癒及生命的大門。在諸多重新出土的文書中，最啓發人心的是〈多瑪斯福音〉，作者描述了受難是耶穌傳道內容的一部分：「遭受苦難並找到生命的人有福了。」

當貝斯蘭的故事一小時接著一小時，一天又一天地展開時，俄羅斯人心中浮現了一個問號。在恐怖分子占據內政部，殺害九十二人，又幾乎於同時炸毀兩架剛起飛的商業客機，炸死機上所有九十名旅客，現在再加上貝斯蘭的三百五十多條人命，俄國人民不禁要問：「我們能承受多少傷痛？」依據古老傳統所言，這些問題有個非常簡單、清楚、直截了當的答案。當我們擁有生存所需及從中療癒所需要的一切經驗時，**只有在這個時候**，生命中最大的挑戰才會出現。

世界各地的母親們將這個歷經時間考驗的洞見，以一句清晰且充滿慰藉的話，一代接著一代流傳著：「神給的，永遠不超過我們所能承受的。」這簡單的聲明帶來的是一項經過時間試煉，如今也由科學證實的承諾，那就是**我們已經擁有通過生命試煉而存活所需要的一切**。我們或許要透過閱讀勵志書籍、報章雜誌、參與研討會等方式來尋找慰藉和洞見，但我們所需要的靈性工具卻早已存在於心中。

「我們能承受多少傷痛？」答案可能簡單得令人困惑。**為什麼**？理由需要多點解釋。一如我們經常在各種模式中所見到的，這次大自然也爲我們提供了一個情感及經驗在生活中如何運作的範例。

平衡：並非衆人稱頌的那樣

二十世紀初，博物學家艾略特（R. N. Elliott）主張大自然具有可用數字來指認、標示及預測的模式。他的理論認爲，在大自然中，包括群體數量的起伏到氣候循環在內的一切，通常傾向於保持平衡。艾略特推論，由於人類也是自然的一部分，因此我們的生活（包括在股市投資的方式），也應該跟隨自然模式而行，並將這些模式仿製及繪製出來。艾略特成功地將他的理論應用在商業及金融的循環中，他的研究成果成爲史上最成功的股市預測工具，也就是日後我們所知的「艾略特波浪理論」（Elliott Wave Theory）。

所以，對於我們的消費習慣，或者生活中的任何模式，都能透過數學來表現，我們毋須感到驚訝。數字被認爲是宇宙的共通語言，從星系的誕生，到在咖啡杯中倒入牛奶時產生的漩渦等一切事物，都可透過數字來描繪。順著這個推論，將看得見的自然世界視爲感覺和情感等無形世界的隱喻，這也很合理！碎形數學（fractal mathematics）正是這樣的例子。

碎形幾何學是一門較新穎的科學，結合數學與藝術用來描繪世界，爲我們在視覺上呈現出過去只能以公式表達的事物。碎形體使我們能夠仿製許多自然界中可見的事物，從崎嶇不平的山嶺到人體血管、從海岸線到絨布粒子等等。我們透過碎形體的模擬，得以走出紙上數字枯燥無趣的世界，將數字視爲描繪世界的語言，體驗其中的美麗與奧祕。

在碎形模式中最常見的，是所謂的曼德博公式（Mandelbrot equation），或稱曼德博集合（Mandelbrot set）。數學家本華・曼德博（Benoit Mandelbrot）於一九七〇年代末提出的這個「活生生」的公式，一旦在電腦螢幕上開始運作，會在短時間內成長、演化成一連串變化不斷的美麗曲線、螺旋和花邊圖形。在這同時，它也示範了自然界中平衡與混亂之間永恆不止的舞蹈。當我們看著模擬的影像變換著色彩與花樣時，我們看到的其實是一種強而有力的表達方式，那是我們的情感關係在生命中出現方式的圖像。

那些出現又消失的圖樣，代表的是在生命中來來去去的關係和事業、喜悅和哀傷。一如這些電腦影像所顯示的，只有當所有圖樣處在適當位置時，平衡才得以維持，而我們也只有在所有要件就定位時，才能經歷到最大的考驗，也才能接受最豐厚的禮物。這些強而有力的影像，象徵了收與受、收縮與擴張、傷痛與療癒等兩個極端之間無止盡的舞蹈，述說著大自然如何永遠在趨近或遠離完美平衡的故事。於是，我們在圖像中看見了自己在實際生活中的體驗。

只有當我們學會了一切，在我們的「靈性工具箱」中具備了生存與療癒所需要的全部工具時，才能吸引可應用所學的愛情、事業轉變、生意夥伴和友情。在擁有工具之前，我們永遠無法體驗！換個角度來看，當生命爲我們顯現傷痛、失望、失落與背叛時，我們一定已經具備了走過這些經驗所需要的能力。

關鍵在於，與其把平衡當成目標，不如把我們所認定的「平衡」當成是招來改變的催化劑，而且確實如此！這不僅出現在碎形體中，也存在於生命中。只有當電腦螢幕上的圖樣得到完美平衡時，它們才會開始分解，而這是爲了要繼續演化成新的、更壯大的平衡。我們的生命，似乎正是以這種方式在運作。

然而，不同於碎形體的短暫壽命，我們在生命中累積靈性工具的時間似乎沒有限制。數位影像在幾分鐘內分解又重組，我們則可能要花上幾個月、幾年、幾十年，甚至一輩子來完成內在的某一循環。一路上，我們可能發現自己重複著某些模式，體驗著同類型的工作、同樣的友誼或同一種愛情模式，直到那個「啊哈！」的經驗觸動內心，頓時明白自己為何「做出」那些自己「所做」的事為止。

舉例來說，你是否想過為何你能前往一個新城市、展開新工作、有了新同事，卻發現自己又進入和先前導致你離開上個城市、上個工作一模一樣的情境中，只差名字不一樣，一切都似曾相識？模式不一定是「好」或「壞」，在此並不帶任何批判。假使你發現自己在新的情勢中出現類似的舊模式，這單純是個機會，使你能藉機辨認出此一模式要對你的生命表達些什麼。如果能辨認出這類情勢，你將有機會變得更好。

在此，關鍵概念是：只有當你準備好時，你才會在生命中受到「考驗」。不論我們是否意識到這個原則，不論生命的道路上出現了什麼，當我們發現自己眼前出現「危機」時，我們已經具備了解決問題、療癒傷痛、從經驗中存活下來所需要的一切。勢必如此，因為這是自然之道！

從高潮中的高潮到低潮中的低潮

沒有人能免於平衡與改變的循環。不論我們的家庭規模有多大、朋友有多少、書寫了幾本、事業有多成功，每個人都有個招致生命產生轉變的觸動點。有趣的是，每個人的觸動點都不同。當我們自以爲已經將生命安排到能調節與控制一切時，這期間的每個經驗及關係，其實都在訓練我們準備好面對某種超出掌控之外的事物。

透過這個過程，我們將會愈接近那個得以展示自己在面對背叛、違信及關鍵議題時，具備熟練技能的時機。但是，只有在我們將最後一件靈性工具擺到適當位置以創造出平衡之後，我們已準備好的信號才會發送出去。因此發出「嗨！我準備好了，來吧！」的信號，就是我們的平衡。這時，我們已經準備好要向宇宙展現自己所學習到的事物。

在我們能於意識及無意識狀態中從經驗學習之前，將難以察覺或辨識出考驗的存在！只有當我們理解到過去的背叛與破碎的諾言要表達的是什麼時，我們才能獲得必要的智慧與技能，以療癒這些模式，在人生中繼續前進。

著有《喚醒內在的佛陀》（*Awakening the Buddha Within*）及《放開你曾是的那個人》（*Letting Go of the Person You Used to Be*）的佛教先驅上師舒亞·達斯喇嘛（Lama Surya Das），描述了傷痛與悲傷的時刻對人生的影響有多大。他說：「所有的生命都有喜悅與哀愁。我們想要專注於喜悅、忘卻哀愁，但是能利用生命中遭遇到的一切作爲覺醒石磨的研磨材料，是更高層次的靈性技能。」有時，生命的「材料」會以最出乎我們意料的方式出現在面前。

在高科技開始發展的一九九〇年代初，傑羅德（化名）是加州矽谷的工程師。他結婚十五年，有個美麗的妻子和兩個漂亮的小女兒。我們初見面時，他因爲連續五年擔任公司某項軟體的資深難題解決專員，獲得公司獎勵，而公司因爲仰賴他的專長，讓他常常必須逾時工作，超過規定的八個小時。

傑羅德因爲技術需求而在晚上和週末加班，並帶著軟體到處旅行，參加各種展覽及博覽會，他發現自己和同事相處的時間比家人更多。當他談及與家人的疏離時，我從他眼中看到了悲傷。傑羅德每天下班回到家，妻女已經上床睡覺；早上出門上班時，她們的一天還沒開始。他覺得自己是家中的陌生人，對同事家人的瞭解甚至比自己家人還深。

這時，傑羅德的生命有了戲劇性的大轉折。他來找我時，我正在寫一本書，探討關係之「鏡」在我們生命中所扮演的角色。在二千二百多年前，《死海古卷》（*Dead Sea Scrolls*）的作者指出我們與他人互動時，有七個特定模式。傑羅德描述的故事顯然是其中一種模式，是我們在生命中最深層恐懼的寫照，俗稱爲「靈魂暗夜」。

傑羅德同事中有一位才華洋溢、年紀與他相近的新進女軟體設計師。他和她經常被分配在同一個工作小組，有時會連續一起工作好幾天，並在全國各地旅行。沒有多久，他就發現自己對女同事的認識更甚於對妻子的瞭解。故事及此，我已經猜到結局，卻未能預期到後續發展以及使傑羅德如此沮喪的原因。

他很快就覺得自己愛上了女同事，於是決定離開妻女，和她展開新生活。這在當時是個非常合理的決定，因爲他們擁有許多共同點。沒幾週後，新歡調任到洛杉磯去執行計畫。傑羅德設法利用人情，也使自己轉到同一間辦公室。

但情況卻開始急轉直下，傑羅德發現自己失去的比獲得的更多。他與妻子多年來共有的朋友漸漸疏遠；同事認爲他離開努力多年的職務與計畫，根本是荒謬之舉；連父母親也因爲他把家庭搞得支離破碎而生氣。儘管他覺得很受傷，卻認爲若要改變，勢必付出代價。即將展開新生活的他，又有何求？

這正是平衡之鏡和靈魂暗夜出現的時刻。就在傑羅德感覺一切似乎到位的同時，卻發現事實上一切正在瓦解！才不過幾週時間，新歡即宣稱兩人的關係與她的期待不同，突然決定結束關係，並請他離開。就這樣，他落得孤單一人，孤獨而絕望。「在我爲她做了那麼多之後，她怎能這樣對我？」他悲嘆道。他離開了妻子、孩子、朋友和工作，換言之，他放棄了所愛的一切。

沒多久，他在工作上開始表現欠佳，經幾次警告及不光彩的工作成效評量之後，最後丟了工作。傑羅德故事的發展非常明顯，他的生活從擁有新關係、新工作、更高薪的收入等顛峰，掉落到夢想全然消失的最低潮。傑羅德來找我的那一晚，問我一個問題：「怎麼回事？」原本前景看好的一切，怎會落得如此悲慘？

靈魂的暗夜：察覺觸動點

我遇見傑羅德時，他已經失去所愛的一切，而失去的原因是這個故事的關鍵。傑羅德放手離開舊有一切，並不是因爲覺得自己已經完整了，想繼續前進；相反的，他是在等到有更好的事物可取代現況時，才做出離開的決定。也就是說，他只想求穩當。由於他害怕自己可能無法找到更好的，就算對家人和婚姻已經沒有感情，也等到好一陣子才眞正離開。因爲感到完整圓滿才離開工作、朋友和愛情，與因爲害怕沒有更好的選擇而留在原地，兩者間的差異微妙而重大。

在各式各樣的關係中，我們傾向抓住現況、騎驢找馬。之所以產生這種附著現象，可能是不自覺表現出來的行爲，或者是因爲不敢自找麻煩，不願面對未知的不確定性。這很可能代表了某種我們未察覺的模式。不論是工作、愛情或生活習慣，我們或許發現自己處在不愉快、但又緊握不放的模式中，從未與相關者坦誠溝通。所以儘管全世界認爲一切正常，我們心中卻非常渴望改變，而且因爲無法與親近的人分享這份需求而感到沮喪。

這種模式導致我們日漸消極、負面，將心中真正的感覺隱藏在壓力與敵意中，有時乾脆在關係中缺席。我們日復一日地照常工作，或與他人分享生活與家庭，情緒卻在遙遠的另一個世界裡。不論問題在於老闆、愛人或自己，我們都會辯解、妥協與等待。然後有一天，事情就這樣「砰」地一聲發生，我們等待與渴望一輩子的東西彷彿無中生有般突然出現。這時候，我們會像世界末日在即似地撲過去，從此緊握不放。

在傑羅德的案例中，他跟著新歡搬遷到新城市，留下尚未解決的缺塊，導致他的世界因而塌陷。如今傑羅德坐在我面前，因爲失去所愛的一切，斗大的淚珠滑落臉頰。「要怎樣才能重新找回工作和家庭？告訴我該怎麼做！」

我把擺在一旁專爲這種時刻準備的面紙盒遞給他，傑羅德完全沒有料到我接下來要說的話：「雖然事情確實發生了，但這一次，你的功課不是要回失去的一切。你爲自己創造的情況，深度遠超過你的工作與家庭所及。你才剛喚醒一股內在的力量，它將成爲你最有力的盟友，經過這次經驗，你將擁有堅毅不撓的全新自信。你已進入了古人所謂的靈魂暗夜的時期。」

傑羅德擦乾眼淚，坐回椅子中。「靈魂暗夜？什麼意思？我怎麼沒聽過？」

「靈魂的暗夜是你生命中的某一階段，在此期間，你將陷入到一個代表你最深恐懼的狀態中。」我回答。「這個階段往往發生在最始料不及的時候，而且毫無預警。事實上，只有在顯示你已做好準備要掌控自己的生命時，才會被吸引到此狀態！就在生活近乎完美的時候，你所到達的平衡狀態，就是你已準備好要進行**改變的訊號**。此外，創造改變所需要的誘惑，將是某種你所渴望且無法拒絕的事物，否則你永遠無法跨出那一步！」

「你是說像一段新關係之類的誘惑？」傑羅德問道。

「正如一段新關係。」我回答。「關係就像觸媒，引導我們朝新方向前進。」

我繼續向他解釋，就算我們知道接下來不論有什麼衝擊，自己都能安然存活，但是我們的本能畢竟無法讓自己某天清晨醒來時，對自己說：「嗯，我想我今天要放棄所愛與珍惜的一切，走入靈魂的暗夜。」生命似乎無法這樣運作！暗夜最大的測試，似乎總出現在猝不及防的時候。

幾年前我遇見一位朋友，他離開家鄉、事業、家人、朋友和一段關係，搬到新墨西哥州北部的荒野之地。我問他爲何要拋下那麼多事物，住在荒涼的高原沙漠。他說他來山中尋找靈性道路；但又說他還無法開始尋找，因爲一切都進行得不順利。他出走後仍與過去的事業、家人和朋友牽扯不清。他顯然非常挫折。

我曾聽說生命中沒有所謂的巧合，我們所經歷的一切障礙都是更大模式的一部分。聽著他的故事，我那個想要修復生命中一切事物的「腦袋」迫使我說出我的看法。我提議：「或許這**就是**你的靈性道路。或許解決每個問題的方式，正是你來此所要尋找的道路。」

他離開時一邊回頭看著我，一邊淡淡地說：「呃……或許是吧。」

生命總在我們需要的時候，帶來我們所需要的東西。就像除非**打開**水龍頭，否則無法在杯中裝水一樣，**滿載的情緒**其實正是一項訊號，用以轉動生命的水龍頭，爲生命帶來變化。在打開水之前，什麼也無法發生。反過來說，若察覺到自己處於靈魂的暗夜，可以確定的是，之所以會有此遭遇，完全是**你自己**啓動了開關。不論刻意與否，此時我們已準備好面對生命即將帶來的課題。

最大的恐懼

靈魂暗夜的目的，是爲了讓我們**經歷自己最大的恐懼，並從中獲得療癒**。暗夜有趣之處在於，人類的恐懼各有所異，對某人來說可怕的經驗，對另一人可能微不足道。例如，傑羅德承認他最大的恐懼是孤獨一人。那晚稍早，我與另一位女士談話時，她卻說「獨自一人」是她最大的喜悅。

害怕孤單的人經常長袖善舞，卻又在關係中經歷孤獨的恐懼。例如，傑羅德描述他過去不少無法持續的羅曼史、友誼和工作關係，每一次結束，他總認爲關係「失敗」了。事實上，他的每段關係都非常成功，因而促使他看見內心最大的恐懼，也就是孤單。只不過，由於他從未在生命中療癒這個問題，也不曾認出此一模式，恐懼因此愈來愈明顯。最後，生命終於將他引導至此，他必須處理恐懼，否則無法繼續前進。

一生中，我們會經歷**多次**靈魂的暗夜，第一次通常最爲艱難，但往往也是促成改變最有力的媒介。一旦瞭解傷痛**為何**如此痛苦，此一經驗就能產生新的意義。一旦認出了暗夜的徵兆，我們就能說：「啊哈！我認識這個模式，確實是靈魂的暗夜。這回我得學會掌控什麼呢？」

我知道有些人從暗夜經驗中獲得療癒後，會變得非常有活力，甚至還向宇宙開口挑戰下一個暗夜經驗。那是因爲他們知道，若能熬過第一次暗夜經驗，就能在任何經驗中存活。只有在不瞭解這些經驗爲何，或者爲什麼會發生的情況下，才會多年一直**卡在**同一個模式，甚至可能延續好幾輩子。這些模式甚至會盜走我們最珍惜的事物，譬如生命。

未解的傷痛有可能縮短或甚至結束生命嗎？答案可能會使你大吃一驚！

我們爲何死亡？

你是否想過我們爲何會死？除了戰爭、謀殺、意外、天災和不良的生活方式之外，人類眞正的自然死因究竟爲何？假使我們眞如宗教一向所宣稱的，是「神的靈」活在世間的身體，又假使如醫學所相信的，我們的細胞有自療能力，並且能重複自我取代，那麼人類身體的「衰退」究竟是怎麼回事？爲什麼持續保有健康、維持充滿活力及有意義的生活，其機率似乎隨著我們跨越所謂「中年」，朝百年趨近時愈趨渺茫？

我在世界各地的工作坊中多次提出這個問題。當上述列舉的因素都提出之後，人們幾乎總是立即告訴我「年老」是使人死亡的原因。「我們老了，一切就停止運作了。」這是我聽到的典型答案。乍聽之下，對於死亡的醫學因素加以探索後，似乎證實了這個說法。

《公眾健康百科全書》（*General Health Encyclopedia*）中有篇文章的標題爲

〈器官、組織和細胞的老化變化〉，開頭第一句話就爲這個觀點做了最好的總結：「多數人都知道，重要器官會隨著老化而喪失功能。」❹坦白說，我並不是多數人！事實上，我做的研究愈多，就愈相信還有某種因素涉及老化問題，而現代醫學模式並未考量到這個因素。

同一篇文章的下文還有另一句話，爲這個可能性打開了門。作者承認我們仍未完全瞭解爲何身體會隨著年紀增長而衰退。「沒有任何理論，能有效解釋所有老化過程產生的改變。」換言之，我們仍然不知道身體隨著時間而退化的確實因素。儘管每個人都極有可能要在某個時間點離開這個世界，但我們是否有可能不用再隨著人們習慣接受的理由而老化、受苦、死去？

我們是永恆不朽的奇蹟

科學家、醫學人士和學者之間有個共識，那就是：我們的身體具有維持生命的神奇能力。估計平均每個人體內約有五十兆個細胞，且多數細胞都具有在人一生的壽命中修復及複製的能力。換句話說，我們一直不斷地從內在替補及重建自己的身體。

在細胞的複製現象中，有兩個例外。有趣的是，這兩種細胞來自兩個與靈性品質最接近，並使你我能成爲你我的中心，也就是腦細胞及心臟細胞。雖然研究顯示腦細胞與心臟細胞**可能**具有複製能力，但它們似乎頗爲耐用，以至於能夠運作一輩子而不需要自我複製。

雖然人體看起來非常複雜，但人體的器官、骨骼和其他組織主要是以四種元素組成的，即氫、氮、氧、碳。諷刺的是，它們也是全宇宙中含量最豐盛的元素。組成星辰與星系的物質，以及組成人體的物質，確實是相同的。顯然，在論及組成人體所需要的建構元素時，並沒有原料短缺的問題。那麼，我們**究竟**爲什麼會死？

對六十五歲以上的成年人而言，除了濫用藥物和診斷錯誤之外，對生命最大的威脅是心臟疾病。我對於心臟持續不斷地工作，而對這項統計結果感到十分好奇。人類心臟平均一天約跳動十萬下，等於一年要跳動二十五億次，在二十四小時內，要將五．六八公升的血液壓送至長約一萬九千三百公里長的動脈、靜脈與微血管中。心臟對我們即將成爲的模樣與成爲什麼樣的人至關緊要，它還是我們在母親子宮中第一個形成的器官，甚至比大腦還要早成形！

在工程術語中，當整個計畫的成敗全仰賴單一組件時，這項裝備就具有「關鍵任務」的地位。以太空計畫爲例，當無人登陸漫遊車降落在火星上時，若發生故障沒有人可以在一旁修理，因此工程師爲了確保任務成功，有兩個選擇。其一，打造出一輛任務成敗繫之其上，且精確程度使之不可能出錯的登陸漫遊車，也就是**關鍵任務組件**。其二，打造一輛必要時能接收任務的備用系統。有時候他們兩者都做。

爲我們身體的每個細胞輸送維生所需要的血液，此一神奇器官顯然在有意識的設計或自然過程中，發展成我們身體最能自我療癒、持久耐用的「關鍵任務」裝備。每當我們關愛的人因爲這個**如此**宏偉的器官「衰竭」而死時，我們必須自問這個人究竟發生了什麼事。爲什麼人體內第一個發展成形的器官，這個能如此驚人運作**如此**長時間，韌性**如此**高（**甚至不用自我複製細胞**）的器官，爲何在運作幾十年後就突然停止跳動了？除非還有什麼我們沒想到的因素，否則這根本不合理。

現代醫學通常將心臟問題歸因於膽固醇與飲食，或環境毒素及壓力在內的各種生理及生活因素。雖然這些因素在純化學反應的層次上，或許是準確的判斷，卻完全無法解釋「爲何」這些因素會存在！到底什麼是「心臟衰竭」？

或許，所有與心臟衰竭相關的生活因素，也跟古代靈性傳統所描述的無形力量，也就是能對宇宙本身表達的強力語言——人類的情緒有關，這並非巧合。是否對某些人而言，在人生旅程中**感覺**到的某些事物，會導致身體中最重要的器官產生災難性的故障？

傷痛會致命？

究竟是什麼使生命終結，答案可能令人吃驚。愈來愈多來自尖端研究人員的證據，顯示生命本身能導致身體的衰竭！具體來說，足以造成被視爲是心血管疾病肇因的緊張、激動、高血壓、動脈阻塞等生理狀況，其源頭都是**未獲解決的負面情緒**，也就是**我們的傷痛**。最近由杜克大學（Duke University）心理學家詹姆斯．布魯曼托（James Blumenthal）主持的一項劃時代研究，就記錄這項身心之間的關係。❺他指出諸如長期的恐懼、挫折、焦慮和失望等經驗，都是強化的負面情緒，對心臟有破壞性，使人面臨風險。這些經驗都屬於更大的層次——也就是多數人所謂的「傷痛」的一部分。

其他研究也支持了這項關係。英國霍夫曼中心（Hoffman Institute）的治療師提姆．勞倫斯（Tim Laurence）描述了所謂的「潛在衝擊」——由無法療癒且原諒的「舊傷與失望」所造成。

勞倫斯說：「這會讓你跟健康徹底無緣。」[6]他引用了許多研究來支持這個說法，這些結果和布魯曼托的研究一樣，顯示憤怒和緊張等生理狀態會導致包括高血壓、頭痛、免疫力下降、胃病以及心臟病發等問題。

布魯曼托的研究告訴我們，教導人們「緩和」對各種生活情勢的情緒反應，能夠預防心臟病發。而這正是療癒傷痛的重點！使我們感到傷痛的非生理力量，能夠產生可對我們造成損害的生理效應，甚至結束我們的性命。

顯然，這類研究並非暗示在短期間經歷負面情緒是不好或不健康的。但是當我們在生活中出現這些感覺時，它們是一種指標，一種個人的度量器，告訴我們自己發生了某種需要注意與療癒的事情。只有當我們忽視這些情緒，任它們持續數個月、數年或一輩子，而不加以處理時，這些情緒才會成爲問題。

我們爲何會死亡的答案，有可能是因爲我們困在一輩子失望的傷痛中，將自己傷到致死嗎？布魯曼托的研究，對此一可能性的意見是：「或許當人們說到死於心碎時，他們眞正說的是對失落和失望的強烈情緒反應會導致致命的心臟病發。」古老傳統也使用了當代語言暗示了這項可能性。

第一個百年最艱難

爲什麼人類最長的壽命似乎在一百年的標的上盤旋？爲何不是兩百年甚或五百年？假使我們相信猶太教的《律法書》（*Torah*）或《舊約聖經》所說爲眞：許多先人是以世紀作爲度量壽命的單位。例如，據載亞當活了九百三十歲，瑪土撒拉（Methuselah）活了九百六十九歲，而諾亞活了九百五十歲。

根據經文記載，這些人並沒有皺縮成皮囊，握住脆弱的生命線勉強活著而已。即使在這樣的高齡，他們仍充滿生命力，享受著家庭生活，甚至開展新家庭！有何不可呢？我們顯然是活在一個可以永遠活下去的身體之中。《律法書》中說諾亞在大洪水之後，又活了三百五十年。假使他是在九百五十歲過世，這就表示他在六百歲時仍有足夠的力量打造方舟，以確保整個人類族群得以存活！

假使人們曾經有過更長壽且健康的生活，那麼究竟發生了什麼事？是什麼產生了改變？無數的經文和靈性傳統一再提醒世人，我們是透過身體表達自我的靈魂。雖然身體是由組成宇宙的元素所形成，但使身體具有生命的是我們的靈魂。**當靈魂受到傷害，傷痛就被傳輸到身體中，成為餵養每個細胞的生命品質。**

有沒有可能我們所見到的百年壽命，其實是身體能夠忍受靈魂未解傷痛的極限？一世紀是否是悲傷與失落對我們的生命產生不良影響之前，我們所能承受的時間極限？我們都經歷過看著所關愛的人、所寶貝的寵物從生命中消失時所產生的傷痛。人生中所經歷的失落、失望與背叛，是否有能力殘害我們最強壯、最持久的器官——心臟？又或者我們的傷痛其實更久遠、更深刻？

除了這些明顯的傷痛來源之外，或許還有另一個不那麼明顯的，卻是共通而重大到我們甚至無法思索的來源。各種文化和社會的創世故事都述說著，我們為了成為能生活在世間身體內的個別靈魂，必須從更大的集體靈魂家族中「剝離」。與此同時，人們共有的最深刻恐懼正是對分離與孤獨的恐懼。

或許導致其他各種傷痛的基礎，正是這個與更大存在分離所產生的痛苦。若真是如此，也許我們對靈魂大家庭的思念太深，以至於總是想要藉由在世間的小家庭中重新創造一體感來填補那份空虛。難怪，失去親人會對我們造成如此大的傷害，因爲這會將我們拋回原始傷痛導致的痛苦中。

對許多人而言，導致他們遭受到最大苦難的，就是那股想要緊抓著家人、關係和舊有經驗記憶不放的渴望。當他們渴求著再也無法擁有的事物及想念的人時，酒精和藥物經常成爲在社會中可接受的麻醉劑，用來麻木深刻的靈魂傷痛。

如果我們能珍惜與所愛的人共度的時光，並且對分離時刻保持良好的感受，我們就能朝療癒向前邁進一大步。從這個角度來看，使我們將自己傷到致死的相同原理，反之也行得通。它們提供了生命的療癒力量。而其關鍵，似乎與我們如何感受生命所展現的一切有關。

有一件事是肯定無誤的：人體具有的生理潛能，能使我們過著比此刻體驗到的更長壽、更健康且更富足的生活。然而，除了身體的物質元素之外，現代的長壽公式中似乎缺少了某種東西。不論我們想要如何稱呼它，這「某種東西」似乎是滋養身體的靈性力量。古人以其當代的語言留下線索，教導我們如何滋養這所有生命所仰賴的維生力量。他們的知識，使我們有能力將過去的傷痛轉變爲療癒的智慧。要活出長壽、健康、充滿活力的生命，我們必須先瞭解生命中的傷痛。

我們必須感覺才能愛

許多古老傳承所透露的智慧、美與祈禱的力量，都經由現代經驗而被重新發現。如本書第一章所說的，納瓦霍族知識中的基本主軸，是認可外在世界的傷痛與內心智慧與愛之間的關係。雖然傷痛、智慧與愛無疑是截然不同的經驗，卻都透過某種奇特且出乎意料的關係而彼此相連結。

透過傷痛，我們得知自己的感受能力——傷痛愈是深刻，感受就愈強烈。在最深層的傷痛感中，我們察覺到自己愛的能力有多深。原諒似乎也與傷痛有直接關係。提姆．勞倫斯解釋道，傷痛愈深刻，原諒的惠澤愈大。**從這個角度來看，我們可將傷痛視為測量愛的能力的氣壓計，而不是因為所做的選擇而得到的懲罰**。這個微妙的關係正是許多傳統描述爲使世界凝聚在一起的「黏著劑」，也就是愛的力量。我們在自己愛的力量中找到最大的療癒。

透過生命中的各種關係、工作、失落與失敗的旅程，我們將自己逼迫到身爲人的臨界點上。然而，我們問著自己同樣的問題：「我們能在這些經驗中愛自己嗎？」我們能在以膚色爲由難以想像的殘暴中，愛自己，或承認神的存在嗎？當其他人試圖鏟除一切不瞭解的事物，試圖將人類從地球上抹除時，我們能在這樣的世界中付出愛嗎？

每個人都遭受過失去親愛的人的痛苦，那人原本還在這裡，突然間就從我們的生命中消失了。我們目睹了人們因爲疾病而受苦，而且是任何世界的任何生物都不該承受的痛苦。當他們離世時，我們自問：「我們能在失去他們的傷痛中付出愛嗎？」我們的愛，經常在從未刻意選擇或無法想像的方式中受到考驗。每一回當生命問著我們是否還能夠愛時，我們大聲說「是！」，因爲我們仍在這裡。

不論我們是否以同樣名字稱呼它，或者純粹活出它在我們生命中的意義，一切都一樣，使我們能夠永續存活的是我們的愛。愛使我們能走過艱困時期和美好的日子，保證我們能從生命帶來的最大傷痛中療癒。要使愛發揮療癒能力，古老的關鍵在於：讓愛進入生命中。要這麼做，我們必須找到使最深刻傷痛轉變成最深度智慧的方式。

將傷痛轉變成智慧

身爲自然循環的一部分，「傷痛」和「智慧」的經驗似乎息息相關。由於傷痛是源自於我們**詮釋經驗**的方式，因此改變對經驗的感覺，可以將我們的專注力轉移到循環之上。當某個經歷太過痛苦，我們會認爲否認、分心或盡可能避免處理傷痛，要比直接面對傷痛更容易，但我們往往輕易就能發現自己沉陷在傷痛的感受之中。事實上，每個人的內在都有能力將傷痛轉變成療癒後的智慧。雖然最初造成傷害的原因沒有變，但是我們對苦難的感受方式正是我們找到力量之處。

乍看之下，這種理解方式似乎是在要求我們單純裝個樣子，假裝對生命中的事件有新的感受。但是仔細檢視之後，會發現古人瞭解並且應用的，是一種西方科學最近才認知到的古老且微妙的原理。這個原理認爲我們周遭的世界是一面活生生的鏡子，是一片能反映出我們內在情緒的量子素材。更具體來說，身體的健康模式、家庭及社群的支持以及世界的和平等狀態，往往是我們內心信念的投射影像。這個信念與經驗之間的關係，如今已確實受到二十一世紀最新物理理論的支持。

這個原理，顯然對於「負面」和「正面」的信念一樣有效。諸如感恩、慈悲與愛等認可生命的正面情緒，已經證明是使身體降低血壓、釋出「良性」荷爾蒙、強化免疫反應等促進健康的觸媒。同樣的，諸如憤怒、憎恨、嫉妒、狂暴等否定生命的負面情緒，則會促進威脅性命的狀態，如心律不整、免疫反應受損，並增加壓力荷爾蒙的釋出。

因此，我們能在這個原理的微妙差異間，找到許多人深信是造物中最強大力量的關鍵，其實也就不值得驚訝了！靈性大師葛吉夫在尋找生命眞理時，來到無名之地中一座偏遠而隱匿的僧院，並且受邀留在該處直到他能喚醒內在強大力量爲止。大師對他說：「留在這裡，直到你的內在獲得一股無法摧毀的力量爲止。」我相信這股力量，就是源自於從傷痛中療癒後所產生的愛、智慧與慈悲。使我們能爲傷痛事物賦予新意義的關鍵，正是使我們得以向前邁進並超越生命批判的同一關鍵。那就是，古老的**祝福**力量。

❶「納格哈瑪地藏書」(*The Nag Hammadi Library*), James M. Robinson, ed., translated and introduced by members of the Coptic Gnostic Library Project of the Institute for Antiquity and Christianity, Claremont, California (San Francisco, CA: HaprerSanFrancisco, 1990), p. 134。

❷二〇〇四年，三十二名車臣叛軍闖入俄羅斯南部貝斯蘭市(Beslan)一所小學，俘虜了約一千名師生與家長為人質，營救過程死傷慘重，不幸喪生者包括一六八名的孩童。如今原址已重新建校。

❸Rowan Williams, "As Eye See It: So Where Was God at Belsan?" *Virtue Online: the Voice for Global Orthodox Anglicanism* (Friday, September 8, 2004). Website: www.virtueonline.org/portal/modules/news/article.php?storyid=1283

❹"Aging Changes in Organs, Tissues, and Cells," *HealthCentral*, Website: www.healthcentral.com/mhc/top/004012.cfm。

❺"Chill Out: It Does the Heart Good," 杜克大學新聞稿引用原發表於《諮商與臨床心理學期刊》(*Journal of Consulting and Clinical Psychology*)的技術研究，探討情緒反應與心臟健康的關係。Http://Dukemednews.org/news/article.php?id=353。

❻Brigid McConville, "Learning to Forgive," Hoffman Quadrinity (2000). Website: www.quadrinity.com。

第三章

要領三：祝福是通關密碼

在對與錯之外，有個場域。我在那裡等你。

——魯米

古老的《死海古卷》作者認爲這空無之處的空間具有強大力量。《愛色尼派和平福音》提醒我們：「在吸氣與吐氣之間的片刻，蘊藏了所有奧祕……」一如其他傳統，猶太教愛色尼派也在最高階的教導中留下了指示，教我們如何利用此一空間準備自己的祈禱。

其中特別描述了如何在開始祈禱之前，準備自己的身心靈。我們受邀爲自己創造一個暫停評判、恐懼與傷痛的經驗，即使只有片刻也好。我們在這個中性狀態中，帶著力量與清明，而不是帶著源自傷痛的陰暗判斷來祈禱。這使得我們可以在爲生命帶來祈禱的最大利益的意識狀態中，與「神之心」展開神聖對話。蘇菲教派詩人魯米透過簡單卻極具說服力的文字，邀請我們在內心找到這個中立場域後，立即加入他所在之地。他以簡短有力的一句話發出邀請：「在對與錯之外，有個場域。我在那裡等你。」❶

我們是地上的天使

古老的傳統認爲，天上的天使和地上的天使唯一不同之處，在於天上的天使記得祂們是天使。我們付出愛的時候，往往會發現自己正以天使開放的心胸和純眞愛著。同樣開放的心胸使我們能夠感受痛苦，我們也正是**因為純真**，而能深刻感受到傷痛。

如果我們眞是天使，那麼我們是非常有威力的天使，因爲我們的憤怒和狂暴，還有我們的愛和慈悲，在在證實了這一點。這些情緒顯示我們的感受能有多深刻，以及我們導向熱中事物上的正面或負面能量有多強。

當我在任何國家看見憤怒的群眾殺害或摧毀對他們而言很重要的事物時，我總是在心裡想著：**多麼憤怒的天使啊**！不論你是否相信我們是天使，事實是我們之內有某種東西使我們能以其他生物顯然不能及的方式，在情感上感受到傷痛。在感覺到傷痛時，**祝福**的力量就是療癒的關鍵。

生命有時候也會挑戰那些最充滿愛心、最聖賢的人的信念。在二〇〇四年貝斯蘭第一小學的悲劇後，坎特伯雷主教提到他對神的信心時說道：「當你看見有人能以如此的能量深度投入這般邪惡之舉，當時自然會有一絲懷疑。我想，沒有這種反應，那不是人性。」

儘管我們可能相信世間悲劇之所以發生，都是基於某種崇高的理由，我們還是得設法理解這些事件。要抒解悲劇帶來的傷痛，人們最常建議的解藥是祈禱。當偉大的精神導師們邀請我們透過祈禱來療癒生命中的傷痛時，我們必須提出一個明顯的問題：當我們處在憤怒與傷痛中，而只希望痛苦停止時，如何能夠給予「正面」的祈禱？瞭解祈禱的運作方式，就能解答這個問題。

在十九個世紀前，在那個西方科學承認連結一切事物的能量場域確實存在之前的那個時代，古代學者和原住民治療師早已透過當代的語言，描述了「造物之網」的存在。例如，北美洲的霍比族（Hopi）信仰中，就以古老的「造物之歌」，描述了地球上的人們將在某個時機記起蜘蛛女的女性能量是結合宇宙的網。佛教經文中也提及「遙遠天界的因陀羅天宮」，是使我們與宇宙連結的「寶網」源起之處。

顯然，使一切連結在一起的力量確實存在，這個概念是個舉世共有的主題。假使古人早已知道此場域的存在，他們是否也知道該如何使用它？有哪些是祖先們在他們的時代知道的，而被今日的我們所遺忘的祕密？前人在經文、傳承和寺廟壁面上留下的訊息，一點也不輸於我們今日才要開始瞭解的量子原理。那些訊息給予我們確切的指示，使我們能將聖方濟各祈禱文中所描述的「美麗而狂野的力量」帶入生命中。其中的關鍵，存在於某個可能使你感到驚異的地方。

空無空間的奧祕

在兩者「之間」的空間裡存在著一股力量，那是某物已終而另一物未起之前的奧妙瞬間。從星系的誕生和死亡，到事業與關係的開始與結束，乃至吸氣與吐氣如此單純的事物在內，一切造物都是開始與結束的故事，是無止盡的啓始與停止、擴張與收縮、生與死的循環。

在「開始」與「結束」之間，不論距離爲何，存在著兩者尚未全然發生的片刻。而這片刻，正是魔法與奇蹟的起源！介乎兩者「之間」的瞬間，一切可能性同時存在，而沒有任何一個可能性已被選擇。在這個空間中，我們被賦予了療癒身體、改變生命、爲世界帶來和平的力量。所有事件，都是源自於這個神奇有力的片刻。

連結兩個事件之間的空間所具有的奧祕與可能性，長久以來一直受到古老智慧傳承的尊崇。例如，北美洲的原住民文化認爲地球每天有兩次會進入這種神祕領域。一次是緊跟在太陽消失於地平線**之後**，在夜的黑暗展開**之前**。第二次發生在太陽出現於天際之前，在最深沉的夜結束之後。

兩者都是微光暮色時期，既非白天也非黑夜。古老傳承認爲，在這段時間會出現得以體現深奧的眞理、發生深刻的療癒、強化祈禱力量的時機。人類學家卡羅斯・卡斯塔尼達（Carlos Castaneda）在其經典著作《解離的眞實》（*A Separate Reality*）中，將這個時機稱爲「諸多世界之間的裂縫」，將此描述爲進入神靈、邪靈與力量之無形領域的機會點。

現代科學家也承認這個空間的力量。但是對他們而言，重點不在於日夜與時間，而在於組成世界的物質。從科學家的觀點來看，我們眼中的有形世界其實一點也不具體！

就好像當電影在螢幕上投射出動態畫面時，我們知道自己看見的故事是個幻象。那些扣人心弦的浪漫劇情和悲劇，其實是許多畫面一格接一格快速閃過的結果，以藉此創造出連續性故事的**感覺**。雖然眼睛確實看到一格接一格的單格影像，但大腦將影像融合在一起，使我們覺得看到的是連續不斷的影片。

量子物理學家認爲，世界也以類似的方式運作。打個比方，我們在星期天的體育節目中看到美式足球員達陣得分，或花式溜冰選手的連續三圈半跳躍，以量子學的術語來說，其實是看到了一連串個別獨立的事件，以極快且緊密連續的速度發生。就像由許多影像串連後的電影看起來非常眞實一樣，生命事實上也是透過許多短暫的細微光爆而產生，這些光爆統稱爲「量子」。生命量子發生的速度極快，除非大腦受過訓練，能以不同方式運作（如某些冥想形式），否則它會單純把所有脈衝化爲平均值，創造出在體育節目中看到的連續活動。

在這簡化的生命詮釋方式中，我們也能找到療癒的關鍵。在一個光爆結束後，而在另一個光爆開始之前，當然也有片刻間隔。在這瞬間片刻的空間中——導致光爆的事件已經完成，新的事件尚未展開——存在著一個沒有任何事件在發生中的完美平衡。在這個「空無」之處，一切生／死／苦難／療癒／戰爭／和平都以可能性及潛能的方式存在。此處正是感覺和祈禱成爲生命藍圖之處。

我們在祈禱中的**情緒狀態**，是決定我們所創造藍圖模式的關鍵。一旦瞭解該場域是內在信念的反射映像，我們必須在祈禱之前，要先設法**清除心中的傷痛與**

憤怒。仔細想想，就能瞭解其中道理。畢竟，我們怎麼可能期待「神之心」在我們感受到恐懼和傷痛時，反映出療癒與和平？

那麼在憤怒、挫折、嫉妒及傷痛等強烈情緒中，該如何產生其他感受，以使祈禱發揮最強大的力量呢？如何才能停止「負面」情緒，以便觸及兩事件之間強而有力的空無空間？要回答這個問題，我們得再度向過去的智慧尋求解答。

祝福：情緒的潤滑劑

當生命所展現的是一個令人害怕的危險世界時，我們要如何才能到達魯米那個超越對與錯之外的場域呢？前人給了我們明確的指示。

如今我們在祝福的智慧中，找到了魯米那個**超越對與錯之外**的場域。這與大眾所認同的信念截然不同：我們一貫相信當我們為某個事物獻上祝福時，我們是為它貼上認同標籤的。然而，前人所說的是一種不赦免、不阻擋也不鼓勵任何行動、情勢或事件的祝福形式。既不認同也不反對任何觀點，只是純粹承認事情的發生。不帶評判的認知，是使療癒得以開始的起點。

其原因在此：我們在看見某種使人傷痛到需要加以回應、停止運作或轉身離去的事物時，往往會漠視自己的感受，關閉與此經驗相關的情感，將它埋藏到內心深處，使自己不再受到更深的傷害。然而，傷痛不會就這樣「離去」，而是存在於儲藏之處，並隨後在某個最料想不到的時刻重新浮現，而且往往是以我們絕不會自願選擇的形式出現。這對曾經歷過戰場、強暴，以及童年受虐及家庭暴力等內在情緒受創的人而言，是尤其常見的狀態。

在這些時刻浮現的不成比例的憤怒，往往可追溯到早年在事件發生當下，當事人無法應對而產生的經驗衝擊。在這些案例中，伴侶或同事無意而隨興的評論，就能觸發早期的傷痛。

「停止運作」的能力是一種防衛機制，使我們能夠繼續生活，不必應付隨感受和感情受到打擊而來的痛苦。然而與此同時，心中產生的情感雖然已被掩埋，卻仍然存在。提姆・勞倫斯將認知傷痛的存在視爲一種療癒過程中，雖然不舒適卻是必要的步驟。他說：「這是一種情感宣洩過程，能幫助人們療癒受到錯待的感受。」❷

有些人可能認爲自己隱藏傷痛的防衛機制非常有效，並在現實中相信自己已經從那段經歷中痊癒。他們甚至相信自己已忘了當初爲何感到傷痛。然而，身體並沒有忘記。研究顯示人體的DNA和細胞，能與我們在生活中的感受直接溝通。身體會爲每一種感受製造出相搭的化學環境。透過釋出如DHEA（一種弱男性荷爾蒙）這類肯定生命的荷爾蒙，或如腎上腺皮質醇（cortisol）這類否定生命的荷爾蒙，我們會在實際上體驗到所謂的「愛」及「恨」的化學作用。

我們的直覺知道這是千眞萬確的現象，因爲喜悅和感激能爲身體帶來正面影響，使人感到輕盈且充滿能量，而憤怒與恐懼則具有反面效果。有些全人傳統（holistic tradition）甚至認爲如癌症之類的疾病，是早年儲存於體內的未解憤怒、傷痛和罪惡感等，從儲存的部位浮現後的具體表現。我們雖然未能於此刻提出科學證據，但情感創傷及與該創傷相關的器官之間顯然彼此有關，值得加以研究。在瞭解這些關聯之後，就可看出忽視令我們傷痛的事物，可能產生對人無益的長期影響。

因此，我們應該設法將傷痛**轉化**爲對自己有幫助的新經驗。我們可以透過承認傷痛來達到此目的，並允許傷痛穿越身體而出。而這正是祝福的行爲進入療癒過程的起點。

祝福的定義

祝福是一種想法/感受/情緒的品質，讓我們可以重新定義對此刻或過去傷害我們之事物的感受。換句話說，**給予祝福**的舉動就是一種「潤滑劑」，將我們從傷痛的情緒中釋放出來，使我們不再把未解的情緒留在體內，進而開放自己以接受更多的療癒。我們要潤滑情緒，必須先**承認（祝福）**傷痛事物的所有層面，包括受苦的人、造成苦難的原因，以及見證後果的人。

我經常發現在討論到祝福**是什麼**時，也必須清楚瞭解祝福**不是什麼**。當我們祝福某個曾經傷害自己的人時，顯然不是在說所發生的事情是可接受的，或者希望該事再度發生。祝福並不是要赦免殘暴或苦難的行爲，或爲之找藉口。

祝福**確實做的**是，將我們從痛苦的經驗中釋放出來。祝福是承認這些事件（不論它們爲何）確實發生了。如此一來，我們對於這些經驗的感受就能**穿越**身體而出，而不再困於體內。基於此，要到達魯米所說超越對錯的場域，關鍵就在於祝福。祝福，能將我們的傷痛暫時停止一段夠長的時間，讓我們能以其他感受來取代傷痛。

透過祝福的行爲，你重新掌握了力量，讓你可以釋出生命中最深刻的傷痛以及懸而未決的感受。祝福藉此讓你不用去回溯感受的根源，一而再地重新經歷傷痛只求解脫，或是展開無止盡的追索，試圖瞭解事情爲何如此發生。儘管這些方式能達到一定的效果；然而，單是祝福這個舉動就能賦予你改變生命的力量，而且是在瞬間達成！當我們能帶著力量與清明感，而不是帶著憤怒與傷痛來做選擇與祈禱時，美好的事物將會發生。

聽起來是否太簡單了？這個如此強大的工具會變得輕鬆或難以使用，全憑我們的選擇。祝福之所以如此有效，原因並不難懂。因爲當我們在祝福某人某事的同時，不可能也對之加以評判。我們的心智不允許我們同時做這兩件事。

我邀請你跟著以下幾頁的指示，嘗試祝福的步驟。想著某個曾令你傷痛的人、地點或經驗，然後應用下面的步驟。古老、神祕的祝福所蘊含的力量、效力及單純性，可能會讓你大吃一驚。

在祝福之前……

不過在給予祝福之前，有個先決條件。要迎接祝福進入你的生命之前，你必須先眞誠地回答一個問題。你不需要很正式或在他人面前這麼做，除非這能使你更自在。這是爲你個人而提的問題，能幫助你瞭解在面對生命中的「是」與「非」時，你受到了怎樣的制約。

問題如下：「**我是否準備好超越本能反應——『某人必須付代價』或『討回公道』等老教條？**」換言之，你是否願意超越「以牙還牙」的思考？

假使你的回答爲：**是**，那麼祝福就屬於你，而你將對所體驗到的成果感到欣喜！假使你的答案爲**不**，那麼首要之務就是去找出你**為何**選擇緊抓著讓你受困在傷痛中的信念不放，導致你掉落到此刻正設法療癒的苦難之中。

在祝福的傳統思想中，顯然答案沒有對或錯。這些問題是爲了協助你釐清自己在思緒過程中處於哪個階段，以及你希望透過這些信念達成什麼目標而設計。

一把古老的鑰匙

祝福行爲可能與某些傳統的信念直接牴觸，卻與過去某些最偉大的靈性大師的教導一致。我之所以在此提出，是因爲我個人發現**祝福**行爲握有能使最多人在最短時間內通往最深度療癒之路的關鍵。

西方靈性典籍中原來與祝福有關的智慧，大都因爲編輯而遭到刪減，在某些案例中甚至完全被刪除。今日，我們只能從二十世紀**中葉**重新發現的那些「失落」《聖經》典籍來撿拾古老的技術。有趣的是，關於「無判別心」的力量，最好的描述就存在於「納格哈瑪地藏書」中最具爭議性的〈多瑪斯福音〉裡。

這段福音的關鍵在於，它記錄了耶穌對他在世時認識的人所說的話。我們在該福音中，發現了一段他與門徒論及生命、死亡及永生之祕的對話。耶穌在回答關於我們最終命運爲何的問題時，一開頭就提供了進入他稱之爲生存「樹」——生命中常態且持久的特質——所需要的各種關鍵。他說：「凡對它們（**樹**）知悉者，將不會經歷死亡。」❸。其中一個關鍵就是使自己**遠離判別心**。

耶穌以我們在眞正的智慧中常見且熟悉的簡潔，描述了中性意識的狀態，告訴門徒必須做什麼，才能進入他稱之爲「天國」的永生之地。「當你使二合一，當你使內在如外在，使外在如內在，使上如下，使男與女無異如一……你將會進入天國。」❹我們很快就領略了他說的是什麼。

只有當我們的眼界能**超越**所判別事物的差異時，也就是當我們能化解過去使事物分離的對立狀態時，我們才能爲自己創造出「不會經歷死亡」的存在境界。當我們能夠超越生命所呈現的對與錯、好與壞時，我們就能找到更大的力量，超越傷害我們的事物。雖然我們的心智知道這些事物照常存在於某一層次，但對「神之心」的場域說話的，卻是**我們心中的感覺**。

耶穌以導師和療癒者的身分，透過這種方式教導我們如何透過心中的智慧昇華傷痛。儘管其他古老的教誨也提出類似技巧，但耶穌所描述的可能是最清楚且最精準的方式。〈多瑪斯福音〉提供給我們耶穌教義中的精華，其現代翻譯版讀起來就像是在閱讀《讀者文摘》一樣，讀到的是意義更深遠的精簡濃縮版！

指引

這篇是針對耶穌的祝福程序如何運作的擴大詮釋版，結合了他的諸多教導以及新添的訊息綜合而成。

西方國家的《聖經》翻譯版中，只簡單告訴我們要「祝福」，但對如何祝福或爲何祝福會有作用，並未提出任何洞見。在談及祝福時，最著名的經文是耶穌對門徒描述在這個世界及另一個世界中對人們最有利的靈性品質。「詛咒你們的，要爲他祝福，凌辱你們的，要爲他禱告。」（路加福音）❺在今日這個輕易就將正義與「報復」混淆的現代世界裡頭，這些話聽起來十分突兀，我也想像得到對兩千年前的人來說，這又是多麼陌生的觀念！

在經過編輯的經文中，我們看見同一主題持續以不同深度出現在耶穌的各種教導中。例如，在《羅馬書》（book of Romans）中對於如何回應騷擾的指示，使我們心中對於這段訊息的意圖毫無疑問。「逼迫你們的，要給他們祝福；只要

祝福，不可詛咒。」❻

雖然耶穌許多關於祝福的教誨，大都是用來應對個人的語言或肢體攻擊，但祝福的概念也延伸到得知他人遭受傷害時，自己感受到的痛苦。

當我們經歷到使人傷痛的事物時，有三個地方可能會出現情感上的傷痛。有的容易承受，有的不易面對，但這三處都必須獲得認可，祝福才能有效運作。祝福的力量就是——使人昇華到足以超越已發生事件之對與錯的古老陷阱。

你可能要問：「我爲何會想要**祝福**那個傷害過我的事物？」這是個大哉問，也是我多年前親自發現祝福力量時所提出的問題。答案很清楚，清楚到容易使人誤以爲簡單。我們在面對生命中的傷痛時，有兩個選擇：一是僞裝、埋葬它們，允許它們緩慢地盜走我們珍愛的事物，直到最終將我們摧毀爲止；或者我們可以透過承認生命中的傷痛，接受療癒，然後向前邁進，過著健康有活力的生活。我個人相信〈多瑪斯福音〉中的這段話要闡明的正是這個意圖：「你若將內在所擁有的呈現出來，它將使你得救。否則，它將摧毀你。」

聖方濟的話，爲我們在生命中應用這個原理所要面對的挑戰及收穫下了最好的結論。他說在他一生中：「要在所有美麗的事物中愛神很容易。然而，更深度的知識教導我，要在一切萬物中欣然擁抱神。」這意味著美麗與醜惡的經驗。選擇權在我們手上。我們若選擇療癒，就要走上祝福之路。

當我們選擇在生命中給予祝福時，每一種情況中通常都有三個層面或三組人需要得到祝福。儘管凡事都有例外，但通常我們必須祝福的有：受苦的人、苦難的肇因，以及見證苦難且被拋下的人。以下是對每一組人的簡單描述：

● **祝福那些受苦的人**：首先要給予祝福的是那些顯然因爲傷痛而受苦的人。在某些事件中，如美國九一一及貝斯蘭人質慘劇，那些承受我們難以想像的傷痛的人，與我們可能相隔遙遠。但其他時候，比如有人違背承諾或遭到背叛時，痛苦可能就在自己身旁，因爲我們自己就是受苦的人。不論是哪一種情況，祝福苦難的主角，可能是祝福過程中最容易的步驟。

● **祝福苦難的肇因**：對許多人來說，這是最困難的部分。但對有些人來說，祝福引發傷痛、造成痛苦或是奪走我們最珍愛事物的那些人或事，幾乎已經成了他們的第二天性了。而祝福的力量，也成爲生命中非常眞實的一部分。當我們能從內心祝福傷害我們的人與事時，我們將變得煥然一新。一個人必須非常堅強才能自我昇華，超越事件的對錯是非，並且能夠說出：「今天，我比過去的傷痛更寬大。」

有人曾經告訴我：「我只打算做一回『祝福這檔子事』，而且只在身邊沒有人的時候才做，因爲我的朋友們無法理解這種想法。倘若結果我不喜歡，就要回頭去感受過去對我管用的憎恨與嫉妒。」

我回答：「很好！只要一回就夠了！」我對自己的回答充滿信心，理由只有一個。一旦我們開啓通往祝福的可能性之門時，**就在那一瞬間**，我們的內心就產生了轉變。在這個轉變中，我們永遠無法走回頭路……怎麼會想走回頭路呢？我們怎可能在可以感受到具有療癒的感覺時，**選擇**重新感受會帶來傷痛的感覺呢？

不論你是否只想試一次就要回頭，都必須面對這個經驗的所有層面，包括祝福你最討厭最令你憤怒的人、地、事，祝福才能有效運作。

●**祝福苦難見證者：**這是很容易在祝福中遭到忽視的部分。除了受苦者和造成苦難者之間的關係外，還有那些必須自行面對殘局的人，也就是我們自己！被留在身後的我們，必須設法調解戰爭期間百姓與無辜兒童的謀殺、諸多社會中對婦女的殘暴行爲，以及關係失敗、家庭破碎的後果。

看到他人處於傷痛時，我們很容易忘記自己，但在任何形式的悲劇之後，我們的反應——**那留連不去的感受**——也會形成訊息，傳達至「神之心」。追根究柢，從家庭到全球性的各種規模的任何悲劇後，塡滿意識空無空間的是我們個人和集體的感受。因此，我們要祝福在見證中的自己！

祝福的範本

要能接收到祝福的禮物，關鍵在於先給予祝福。

首先，找個私密場所，一處沒有人會聽到你要做什麼的地方。然後，單純大聲地說出以下這些話：

*「我祝福＿＿＿＿。」（在空格中填入正在受苦或曾受苦者的名字。）

*「我祝福＿＿＿＿。」（在空格中填入引發苦難者的名字。可能的話，說得愈精準愈有幫助。）

*「我祝福見證中的我。」

不斷祝福！

我在使用上述祝福範本時的經驗是，有時要多做一兩次祝福，才會眞的生效。個中原因是可預期的。我們活在這個世界，已經學會熟練地將傷痛鎖在心裡。有時，我們對於這些經歷的感受僞裝得太成功，**甚至**連自己也忘了傷痛藏在何處。假使最初幾次使用祝福時未能奏效，請不要感到失望。你可能需要重複一兩次，才能穿透你用來保護自己的外殼。

因此要不斷地祝福，大聲說出祝福，然後再說一遍，然後再一遍。在描述此刻你在祝福的那件傷痛時，每一次都要直接說出引發傷痛那個人的名字、組織、參與者及日期，說得愈精準，你將愈能清楚找到通往體內傷痛記憶之處。不斷重複你的祝福，直到身體感受到從腹部散發出來的溫暖。在持續的祝福中，這股溫暖將會昇華並擴展到全身各處。

如果發現自己因此而熱淚盈眶，甚至大聲啜泣，也不要驚訝。祝福正是透過這種方式來釋放傷痛，使傷痛流出。當你感覺祝福已經完整時，世界將會有所不同。雖然使人傷痛的原因依然存在，但實際發生的是我們已經改變了自己對傷痛的**感受**。這就是祝福的力量。這也是語言可能無法達成任務之處，這是只能親自透過經驗來領會的事物。

我認識好幾個尋得祝福力量，而今會對眼前一切發出祝福的人！他們會為從路邊被壓扁像是「睡著」的動物，到電視上閃過的每則新聞，在自己每天的氣息吐納之間給予祝福。當這些人坐在我車上，看見正要前往醫院或從醫院出發的救護車時，乃至當某人在不可超車的狹窄山路上魯莽超車時，他們的祝福都像第二天性一般自然。這就像看見他人打噴嚏時，自動說出「祝福你」一樣。當你發現自己開始在生活中自發性地給予「隨機的祝福」時，也毋須訝異。

上一篇我問到如何能在經歷傷痛、憤怒、憎恨和報復欲望等負面情緒的同時，做出正面的祈禱。智慧傳承裡面關於祈禱的祕密之一，在於當我們以身心靈皆具備的全人狀態進入與「神之心」的神聖對話時，祈禱就能達到最大效力。假使能量場域反映出的是我們所成為的模樣，那麼在為療癒傷痛而祈禱時，使自己處在美洲原住民所謂的「好地方」，就顯得更爲重要。

古老的祝福禮物爲我們鋪好了道路，讓我們在祈禱時能從一個具備力量與清明度的地方出發，而不是從脆弱不確定之處啓程。雖然這些指示既有用也有趣，但我發現智慧的教導有時最好能以故事形態來呈現。故事愈眞實，所舉的例子就愈有道理。下一篇是我個人在痛失摯友時，第一次運用祝福的親身經驗。雖然這和世界上眞正「重大」的傷痛比較起來微不足道，但在事件發生當時，祝福協助我面對失去摯友的傷痛。這個例子，或許也能幫助你面對人生中的不得不面對的「失去」。

在失去中祝福

在我的人生中，某些最強烈的情誼是與動物的關係。一九九〇年代初的某個星期，我在加州雪士達山（Mount Shasta）一家飯店帶領一場工作坊與閉關活動。一隻黑色幼貓從飯店的走道上走過來，走入了我的房間和我的心，從此不曾離開。

我的新朋友約是在五週前出生，年輕母貓因爲是第一次生產而不會照顧小貓仔。飯店工作人員發現時，以爲所有的小貓仔都死掉了。然而，幾天後，出現了一個小奇蹟。母貓從藏身處咬出一小團只剩骨頭和皮毛的毛團現身，那小毛團竟在沒有食物的情況下活到現在！飯店人員接手照顧這隻丁點大的小貓仔，好讓牠恢復健康。他們因爲小貓神奇的力量和強烈的生存意志，將牠命名爲梅林❼。

那晚梅林找到我的房間，在門口不停地喵喵叫、發出呼嚕呼嚕聲，直到我無法克制住想要照顧地球上每隻動物的衝動，開門讓牠進房爲止。在活動進行當週，牠晚上和我睡在一起，早上坐著陪我在房間吃早餐，在洗臉盆邊看著我刮鬍子，大方走過我爲隔天課程所準備的三十五釐米幻燈片（那是在還沒有電腦簡報程式前的日子）。早上我沖澡時，牠就坐在浴缸旁，用嘴巴接著從我身上彈出的水珠。一週結束時，梅林和我已成爲好朋友，我也發現自己對這生存意志強烈的神奇小東西有深刻的依戀。

在隨即發生的連串巧合後，梅林和我一起跨越美國，朝我位於新墨西哥州北部高原沙漠的家前進。牠很快就變成了我的「家人」，和我在一起的三年來，總是陪著我做晚餐，在我用古董級的蘋果電腦寫我的第一本書時，在我身旁打盹。

一晚，梅林一如往常在固定時間出門去，從此我就不曾再見到牠。那是一九九四年夏天，那一週有顆巨大的彗星衝擊到木星。最初我以爲牠只是出門探險去了，做貓會做的事情，我很快就會再見到牠。或許梅林也像飛鳥和鯨魚一樣，利用地球磁場穿越沙漠，而木星對地球的奇特影響干擾了這個磁場。磁場可能轉移，將牠引導到其他地方。或者還有其他一堆可能因素。總之，梅林不見了。

在牠不見的兩天後，我開始找牠。整整一星期我不接電話，完全不辦公，走遍了新墨西哥州陶司地區北邊的平原。牧場會用陷阱捕捉獵食羊群的草原狼，牠是不是夾在陷阱裡出不來了？或許牠被困在老房子或水井中。一連許多天，我搜遍每個能找到的貓頭鷹巢，探進狼獾和草原狼的窩。最後，我終於停止找牠，開始尋找牠的遺跡殘骸，也就是毛皮和項圈。但一切都徒勞無功。

有一天，在太陽升起前的黎明，我半夢半醒地躺在床上，祈求能給我個徵兆。我需要知道我的朋友出了什麼事。我心中的問題都還沒問完，就發生了一件過去不曾發生過，日後也不曾再出現的事情。我從屋裡的閣樓聽見外面傳來聲音，然後接著另一聲、又一聲。幾秒鐘內，那聲音自四面八方傳來，環繞了我的整片土地，毫無疑問那是草原狼的嚎叫聲，數量多到比我數年來在這片土地上聽過的嚎叫聲還要多。

在連續幾分鐘內，牠們又叫又嚎，然後就和開始時一樣冷不防地就結束了。我淚濕著雙眼大聲喊出：「我想梅林已不再跟我一起了。」在那個片刻，我知道梅林出了什麼事，知道草原狼獵殺了牠，我再也看不到牠了。

同一天稍晚，我的土地上到處都有草原狼的蹤跡，而且是在光天化日下！過去我當然也見過草原狼，但牠們都是出現在日落之後或日升之前。今天，牠們在太陽高掛時四處可見，有形單影隻的、有三兩成群的、有小狼和一家人的，全都悠閒地在草原上蹓躂。

我說出這個故事，是因爲失去梅林讓我很**傷痛**。在傷痛中，我原本可以去追殺每一頭草原狼，一頭接著一頭地追殺，想著「就是這一頭」奪走我朋友的性命。我可以舉著獵槍高高站在農舍屋頂上，爲梅林的死復仇，直到整個河谷裡沒有一頭草原狼爲止。我可以做出這些事情……但，這改變不了什麼。我依然失去了梅林。我從未對草原狼感到憤怒，只是想念我的朋友。我想念牠的個性，想念牠在夜裡追蹤如飛蛾這類「大型獵物」時，發出的好笑聲音。我想念牠在夏天肚子朝上躺在磁磚地板上，上下顚倒看著我的模樣。

那天下午我沿著穿越河谷的石子路，在塵土飛揚中往高速公路方向開著車時，首次在這段路上感受到祝福的經驗。我打開車窗，以便在沒人聽見下（其實方圓幾里內根本沒有任何人）爲梅林的往生給予祝福，對牠和牠爲我的生命帶來的喜悅表示感激。這是容易的部分。接著，我開始爲草原狼祝福，尤其是奪走梅林性命的元凶。沒多久，我竟開始對牠們有種奇特的親密感。我瞭解會發生這事，並非特意用來傷害我的舉動。牠們純粹只是做了草原狼會做的事情！我也祝福試著瞭解自然有時爲何如此殘酷的自己。

最初，什麼都沒發生。我的傷痛實在太深刻，以致祝福無法「進入」心房。然而，在重複幾次之後，開始有了改變。我的腹部出現了一股溫暖感受，那股溫暖感開始膨脹擴張，朝身體各處擴散開來。我開始熱淚盈眶，大聲哭了出來。我將車停在路邊，盡全力祝福，直到用盡力氣無法再祝福爲止。我明白在那一天，那份祝福已經完整了。

祝福是這樣的，**世界不會隨著祝福而改變，會改變的只有我們自己**！在願意承認並釋出傷痛後，世界看起來會變得不同，我們也會變得更堅強、更健康。

有趣的是，在我與草原狼達成和解的那天後，雖然在夜裡仍會聽到草原狼的嚎叫聲，卻再也不曾看見任何草原狼跨進我的地界。不過，去年我看見了另外一種貓，那是我生平第一次目睹——一頭活生生的山獅。牠從柵欄底下鑽入，直接走進我的後院中！

轉身不看也沒用

儘管梅林的故事不是什麼多偉大的例子，我還是寫出來與讀者分享，因爲它是眞實的，也是極度個人的故事。我在故事中描寫的祝福原則，適用於你可能經歷到的任何傷痛，不論是地區性的或全球性的。最近，我在面對一項我成年以來經歷到的最令人不安與震驚的事件中，藉此機會將祝福的力量付諸實現。一如以往，這是重要關鍵，使我得以對世界保有信心，並且有能力立誓在離開世間時，要使這個世界變得更好。

聽到所發生的事情時，我的身體緊繃。某個在伊拉克工作的美國平民在當地遭到處決式的對待，他的頭被砍下，身軀被丟在路旁。我想，世界上沒有任何人能死得如此沒有尊嚴。

聽到CNN國際新聞報導這樁殘酷的謀殺事件時，我正在歐洲進行新書巡迴發表。新聞主播說，雖然其他地區的新聞媒體不加處理地直接播出影像及照片，但CNN選擇不這麼做。然而，他對於所看見的影像還是描述得十分具體。我是個相當圖像式的人，對我而言，這種方式比直接看到照片更糟糕。我聽著他描述受害者生前的最後幾秒鐘，腦海中出現的影像讓我心神不安，還產生了那種聽到震撼性新聞會出現的不眞實感。

我從伊拉克的這樁殘暴處決事件以及歷史戰爭紀錄片中，學到了一件事，那就是對於苦難及生命慘遭剝奪，我們永遠無法透過字面意思去眞正「瞭解」。對理性且內心有愛的人而言，試圖理解伴隨戰爭這類舉動而來的殘酷性，根本毫無意義。要想瞭解他們，就必須設身處地以作戰者的立場來思考。然而此時此刻，這些事件都已成爲我們這個世界的一部分，全都是已經付諸實踐的現實狀態。

當我詢問聽眾有多少人改變了收看新聞報導的習慣時，舉手者的數量說明了實際狀況。愈來愈多的人說自己已經不太看新聞了，甚至完全不看。每一場座談會的聽眾都是如此，無一例外。當我問起他們原因時，他們的回答是看新聞太令人沮喪與痛苦。他們不想再讓自己和家人受到殘暴與痛苦影像的衝擊，覺得自己沒有能力改變事情。

雖然避開每天新聞網路對恐怖事件的報導，可以獲得短暫緩解，但充其量，這也只是暫時解脫而已。相信我，我試過了！我可以讓自己沉浸在例行的鄉間活動中，但一切遲早還是會發酵並產生影響。世界上，每天都有事件不斷發生。在某一天，可能某件「大」事會突然這樣出現：「你聽說了……嗎？」我們可能透過口耳相傳、雜誌的某篇文章或新聞頭條，突然又得面對我們躲不掉的事件。

當我們發現自己處在那樣的情境時，又該如何是好？轉身不看並不能解決問題。儘管我們無法改變出現在生命中的事物，但我們必須找出它們的「角色」，才能在生命中繼續前進。

不論我們感受到的是世界的傷痛，或是因爲喪失珍愛的事物而產生的痛苦，祝福產生的力量都一樣。我所體驗過的最強而有力的祝福，都是發生在經歷**失去**的時刻。從我父親的突然往生、我們父子之間未能和解的關係，到兩次失敗的婚姻，以及被親近友人背叛等等經驗，我都能夠帶著堅定的信念分享祝福，因爲我知道這是有效的做法。

我祈禱祝福也能對你產生效果，並且成爲能在需要時協助你的朋友。

❶ Rumi, Coleman Barks, trans., *The illuminated Rumi* (New York, Broadway Books, 1997), p. 98.

❷ McConville, "Learning to Forgive."

❸「納格哈瑪地藏書」（*The Nag Hammadi Library*）, Robinson, ed.,, p. 128。

❹ 出處同上。

❺《聖經》，*Revised Standard Version,* Luke 6:28 (Cleveland and New York: World Publishing, 1962), p. 60。

❻ 出處同上，Romans 12:14, p. 151。

❼ 編按：梅林（Merlin）是英國史上第一個宮廷魔法師，是亞瑟王、圓桌武士、石中劍等著名故事中家喻戶曉的人物。

第四章

要領四：在不完美的生命中看見完美

美是永恆，在鏡中凝視它自己。但你既是永恆，也是那鏡子。

——紀伯倫

美是我們認知最少、卻又最強烈有力的人類經驗。有史以來，我們一直與這股神祕力量進行一場漫長、奇特且時有危險的舞蹈。珍貴傳統的古老文獻，記載了天國威力無窮的天使，因爲抗拒不了新創造的人類女性的美麗而墮落的故事。

幾個爲首的天使帶領著這兩百名無法抗拒人女之美的天使，在《聖經》〈以諾書〉中由早期基督教會的先知以諾（Enoch）揭露其身分❶，這些帶頭的天使包括薩米亞撒（Samyaza）、拉姆爾（Ramuel）和圖瑞爾（Turel）在內的「完美者」（perfects），明知與人女同居違背了宇宙法則，然而對他們而言，等待著他們的感官經驗勝過失去永生的風險。在稍後的《聖經》記載中，黛萊拉（Delilah）一個女人的美，就足以對地球上最有威力的男人參孫（Samson）帶來愛、信任、背叛與最終的死亡。

歷史就是我們與美的關係所寫成的故事，其中有美的力量與誘惑、我們追求美所付出的一切、想達成美的渴望、爲捕捉美而付出的嘗試，以及自以爲能夠精通美的信念。然而，我們卻始終無法爲這人類經驗中最難以捉摸的特質給予定義。美究竟是什麼？

美的奧祕

美對不同的人有不同意義。若被問到對美的定義，人們的反應往往是以個人經驗爲基礎，也就是美在其生命中的意義。對科學家而言，擁有微妙解答的數學公式就是一種美。反之，攝影師眼中的美，是畫面中令人驚豔的光影對比。愛因斯坦認爲美是更高層次存在於造物中的表現，譬如他曾說：「莫札特的音樂如此純淨美麗，在我眼中，它反映出宇宙的內在之美。」

顯然，每個人對美都有獨一無二的體驗。因此，對於如何定義美的經驗，各種說法不一，數量可能多得與體驗過美的人一樣多！不論我們如何定義生命中的美，不論美被視爲一種力量、體驗、品質、判斷或感知能力，美的力量都是眞實不虛的。我們在美之中得到改變。即便我們顯然不知道**美究竟為何**，但同樣明顯的是，我們可以將自己**確實領略的美**的力量，應用在療癒生命中的痛苦、傷害與恐懼上。

假使如古老傳統所言，美本身便是一種力量，那麼它可能是最奇特的自然力。不同於重力和電磁力，這兩種力不管有沒有人類都同樣會存在，但是美在我們注意到它之前，它似乎一直處於休眠狀態。雖然美具有改變世界的力量，但這股力量在被喚醒之前一直在沉睡中。而且唯有人類能夠喚醒美的力量！我們是唯一有能力體驗美的生物，因此唯有當我們於生命中認知到美的存在時，美的力量才會甦醒。

由此觀點看來，美不只是某種賞心悅目的事物而已，而是一種心智與靈魂的**經驗**。美來自於我們肯在生命中所謂的「不完美」中看見完美的意願。例如，當信任遭到背叛時，最初的反應可能是震驚，但是當我們想到自己也曾在不同時間以不同方式背叛他人時，部分的震驚就會消失。在這個例子中，「美」存在於這類經驗回歸到我們身上時所達成的平衡，而且它們有時會以最意料不到的方式回歸到我們身上。

要在每個經驗中發現美，我們的任務或許不在於創造美，而是在於承認它已經存在的事實。美永遠存在於一切萬物之中，甚至存在於我們以爲它不可能存在之處。

當我們朝靈魂最深處探索力量，爲傷害我們最深的事物賦予新的意義時，就會發現古代大師們所分享的偉大智慧。這份智慧純粹在提醒我們，能否看見美是自己的選擇。我們在每一天每一刻中要做的選擇，就是去細想當下呈現在眼前的事物，只就其本身的價值來思考，而不與其他經驗相比較。我們就是透過這種方式在覺知中播下種子，這些種子將成爲吸引更宏大的美進入我們生命的因子。

只有當我們將實際經驗與我們所認爲的美所**應該具有**的模樣相比較時，我們才會看見比當下之美更多的事物。

北美洲納瓦霍族的傳統透過簡單的詞句，提醒我們這個原理：「以之建立生命基礎的美。」❷我們每個人都有自己的一套標準，藉此來衡量生命中的美。問題是，你用什麼來衡量平衡、成功和失敗？你用來衡量美的準繩爲何？

美存在於你允許之處

最初幾乎難以察覺。我和團員們站在加德滿都歷史城區的大眾廣場上，身體已經習慣了在密集空間中必然會發生的碰撞推擠。我們爲了使身體適應西藏更高的海拔，特別安排在位於海拔一千二百公尺高的尼泊爾停留四十八個小時，等待轉往西藏。這麼做，除了有助於適應西藏高原的環境之外，還可讓我們有時間體驗最古老印度廟宇周遭的當地傳統。我原本不會注意到有人拉扯我身上的棉質登山褲，但是那拉扯是如此刻意爲之，實在讓我無法忽視。

我本能地朝下看著干擾的來源，那一眼卻出乎我意料之外。我的目光與一位男人的強烈眼神交會，他鬍鬚稀疏的臉龐僅到我的膝蓋處。熱風吹過時，銀白色的鬍鬚與長髮糾結成團，使他顯得既永恆又古老。傳統印度聖者身上會塗抹的白灰，斑駁成塊的附著在他黏濕的皮膚上。臉龐下方是個扭曲又滿布傷疤的黝黑身體，在高海拔陽光經年的曝曬下顯得更加黑亮。

我花了點時間才明白自己所見爲何。當我循著腰部以下看著該有雙腿的地方，卻只看見一條骯髒鬆垮的纏腰布散落在地上。取代腿部的是一截短木板，木板下方安裝了輪子。這塊因多年使用而髒污的滑板，顯然是他唯一的代步方式。

我在驚嚇中往後退了一步。他的目光緊跟著我的眼睛，緩慢地將雙手手掌擺在地上，維持身體在滑板上的平衡，熟練地將自己朝我的方向推進。我抬頭搜尋別人是否注意到我所看見的景象，但我周遭的人似乎完全沒注意到他們腳下正在發生的事情！

在旅程中，驚人的貧困現象已見怪不怪，我隨即認爲這個男人是「乞丐」，要向我討個施捨。在許多宗教信仰中，乞討是個被接受的行業，使乞討者能夠從屋舍、工作及家庭的拖累中解脫，全心專注於祈禱。當我將手伸入口袋拿錢要給他時，他轉身指向廣場對面一座古老廟宇的屋頂。

隨著他的手勢，我看見了古老印度廟宇中最美麗的木雕門面。它被其他建築遮擋了一部分，上面布滿了上千座雕鑿得巨細靡遺的印度教男女眾神。如果這個男人沒有特別指出來，我一定會錯過。我後來得知這面雕刻也是瞭解印度教信仰的重要關鍵。

我遞錢給他時，他卻淡淡地揮揮手，像是在趕蒼蠅般，要我把錢放回口袋，他不想要錢！我轉身看見我們的翻譯正領著團員朝另一個方向前進，當我再回頭時，滑板上的男人已不見蹤影。我搜尋前方的群眾，瞥見他正穿越炙熱的石子路，混入遊客群中，從此不曾再見到他。

我與讀者分享這個故事，是爲了說明一件事。對我來說，由於這個人外表的殊異，而影響了我對他的判斷。那一天，他飽受風霜的肢體向外散發出來的，是他精神的美。他想要的不是錢，而是想跟我分享某個事物。他爲我指出的，是一個原本我會錯失的世界。在這個舉動之中，他教我看見自己的**判別心**，也示範了一件事——美只在我們允許時才得以展現。

有趣的是，宇宙總在最出其不意時爲我們出示教訓！這些教訓往往緊跟在某個強烈體驗之後出現，彷彿其目的就是要測試我們是否真的學到了一課！這回是在西藏。

在加德滿都的經驗後又過了幾天，我們的巴士來到了一座山間村落，停在一家由老舊軍營改造而成的旅店前。一位看似飽經風霜的駝背男人在巴士停下時上了車，讓大家有些措手不及。他看著我們，年老的他嘴裡只剩幾顆牙齒，眼睛嚴重斜視，因此很難與他目光接觸。最初我們以爲他只是另一個街頭乞丐，但是當某個團員掏出人民幣給他時，他不但拒絕，還開始幫我們將巴士上最沉重的行李搬下車。

等到他將所有行李整齊擺放在旅店前的人行道後，我發現自己很想要給他小費。這是他賺到的，是他該得的！我們旅行過一個又一個城市，行李變得愈來愈大也愈重。他再度拒收小費。他抬頭看著我們，露出了無牙的大笑容後就轉身離去，如此而已！他只是希望我們能好好享受他的村子，並不期待任何回饋。

讓人驚訝的是，當我向旅店老闆問起那位非常熱心的員工時，他們告訴我旅店並沒有搬運行李的員工。那人只是村中某個恰好在巴士抵達時走到旅店前，主動給予幫助的村民。

又一次，那男人的內在之美，透過他外在的「不完美」及我們的判別心而閃閃發光。他以關愛的服務態度出現，絲毫不求回饋。但是這一回，全團成員都有機會體驗到這位西藏天使帶來的禮物。

我們總是習慣對生活中遇到的怪人怪事**另眼相待**，特別是在人生旅途中錯身而過時。如果當時我們是獨自一人，可能頂多只會多看幾眼，聳聳肩，又繼續自己的旅程。但如果我們是一群人，那麼就有可能說三道四、妄加評論，以便釋放出於好奇所產生的不舒坦感覺。因此當我們認出「不完美」時，我們是否也慣於將任何不夠完美的事物判斷為不夠「美麗」？

某日，我坐在租來的車子裡，停在一座大城市路口的紅燈前，看著街上來來往往的各色行人。我在等候號誌燈變換的永恆片刻裡，完全被人群包圍。我在那個片刻，對形形色色的路人做了一段私人觀察：有九〇年代的上班族裝扮，有六〇年代復古的流行髮型，從人體彩繪到穿刺、各式西裝、各種公事包、行動電話到最新潮的流行服飾都有。我想，有誰能在同一個地點看到如此多樣化的人呢？雖然路上的每個人都很有趣，但有個男人特別引起我的注意。

他明顯有神經肌肉協調的問題，難以掌控自己的手腳。他穿著西裝，揹著背包，看起來像是剛要去公司或剛從辦公室出來。在等待綠燈時，他正盡全力控制自己的肢體，努力站在一個地方不動。當行人號誌燈亮起時，他和周圍的所有人一起過馬路。我相信生命中沒有巧合，因此趁著他從我面前經過時，熱切地看著那個人的臉孔。他爲了完成每一步伐所付出的艱辛努力，使得嘴巴扭曲變形，但雙眼卻非常專注而堅定。每走一步路對他來說都很**費力**，而他正辛苦地下功夫。

當他消失在對街人群中時，一股感恩的情緒油然而生。我想像著他若不曾在那天出現在那裡，情形會有什麼不同？如此做時，我突然懷念起他的身影。我思索著他在那短短的幾秒鐘裡爲我帶來了些什麼，思索著他走入人群的決心所展現的勇氣。我思索著假使他沒有出現，我生命中的那個片刻會有多麼空虛。但他出現了。透過他的存在，這位勇敢無畏的男人爲我的一天帶來美麗。我眼眶濕潤，感謝著他的存在，心中想著：**我今天能見到這個人，真是何其幸運**。

選擇觀看的角度

下回當你置身在公共場所時，試著觀看周遭的人群，但別表現得太明顯。在腦海中注意某個人，任何人都可以。問問自己，那個人有什麼地方**觸動**了你？也許是他們的天眞，或許是一個笑容。就像我在出租車上看到的那個人，對方觸動你的可能純粹是他面對生命挑戰的方式。

現在閉上眼睛，想像假使你不知道這個人的存在，你的這一天會有什麼差別。想想那個片刻會有多麼空虛，你會多麼想念那個人。

你會驚訝，這短暫片刻的簡單練習所能帶來的影響！接著，你可以在心裡爲了存在於當下的那個人給予眞誠的感激，感謝他們使你更認識自己。

除了夕陽、白雪皚皚的山頂或你最欣賞的藝術家作品，美也可以單純源自我們對自身經驗所賦予的意義。我們觀看生命的方式，就可在內心創造出**美的感受**。人類生命的誕生就是個完美例子。

目睹新生命進入這個世界，是個神奇且奧妙的經驗。由於我們預先知道陣痛後的結果，因而改變了我們對於眼前所見畫面的觀感。如果我們花一刻鐘想像自己是從某個對於誕生奇蹟一無所知的世界來到地球上的外星人，那麼目睹整個生產過程可能會讓你不安，甚至害怕！

假使我們根本不知道「這就是地球上生命誕生的方式」，在新生命誕生的過程中，許多徵兆幾乎與死亡徵兆無異。在西方世界典型的接生過程中，我們會先看到一名孕婦明顯處在極端的痛苦中，她的臉部表情隨著分娩過程而愈加扭曲變形。血液和水將從她身上流出。

我們怎能知道在這形同死亡的外在徵兆中，會出現一個新生命？所以說，一切都與我們對經驗賦予的意義有關。

一份奇特的美

那晚天空著火了。廣播電台開始緊急播送新聞，協助封閉道路、居民撤離，以及每小時播送大火的發展情形。到此刻已整整兩天兩夜，緊鄰新墨西哥州中北部高原沙漠台地的森林起了一場大火，炙熱到大火內部產生了火風，並且愈來愈接近北美洲地區有人居住的印第安保護區——古老的陶司部落（Taos Pueblo）。

我開車行近市區時，困在河谷裡炙熱而沉重的空氣中，四周飄著一層濃厚的雲霧。兩天前，午後暴風雨的一道閃電擊中了森林底層乾燥的灌叢和乾柴。陶司上方的山區頃刻之間就成了一片火海，大火以危急的速度朝山腳下的社區蔓延。

雖然我知道此時應該已接近黃昏，但是從籠罩整個地區的詭異暮光中根本無法分辨。我在車內的安全庇護中，目不轉睛地從路上看著這片引人注目的景象。火光使雲層底部散發出一種奇異的光芒，下方的一切都沐浴在強烈且具穿透力的紅光、粉紅光和橘光之中。當我低頭凝視著握住方向盤的雙手時，才發現天空的顏色是那麼深沉濃厚，以至於連藍色廂型車都映照在天光豐富的色彩中。

有那麼一瞬間，我整個人沉浸在這個奇特的經歷裡，**感受著眼前所見**，完全未曾思及大火橫掃山區後必然產生的毀滅性後果。我凝視著大火奇異的美，驚歎著**這就是幾世紀來藝術家試圖在畫布上捕捉的色彩，此刻它們正以人類永遠無法複製的方式，彩繪了整個天空。多麼美麗……多麼全然之美啊！**

突然間，廣播員轉播訊息的冷靜語調驟然變得緊急，播報著最新發展。「風向改變了。」我聽到他說：「大火可能朝兩個方向前進。一是繼續在河谷上方延燒，朝山另一邊的住家逼近，或者朝我們的方向，朝陶司延燒而來。我們對鎮上東邊的居民已發出撤離警訊。」

鎮上東邊？不就是我此刻所在之處？我眼中的大火瞬間變了樣。

只是幾句話的時間，火從我敬崇的**美**變成了危險至極的**威脅**，因爲我瞭解到此刻它正危及到居民、馬與牛群，還有在火線上的其他動物性命。這實在令人驚駭！我開始想到經常因爲大火燃燒太快，逃生不及而陷在火場中的野生動物，成群的鹿和其他小動物，總是因爲火焰、熱風、熱氣、煙霧呼嘯所造成的混亂，迷失方向、無法順利逃出。還有消防隊員在冒險拯救他人的性命與財產時，因爲大火不預期地改變了行進方向，切斷逃生路徑，導致他們身陷火海……

我寫出這個故事，不是單純要向所有在二〇〇三年奮力滅火的工作人員致敬。❸對我而言，這場火強化了許多古老信仰及原住民傳統千百年來視爲神聖的一個原理。我在觀看火焰的那段時間，大火本身並未改變。它與片刻之前的火是同一場火，炙熱、狂野、不受控制。**改變的是我自己**。更準確來說，是我改變了自己對火的**感受**，也就是我觀看火的**角度**改變了。前一刻，我還沉浸在漂亮的火光裡，視之爲一種奇特的美。幾秒鐘後，同樣的火焰卻成了我焦慮的源頭，而且老實說，還帶著相當程度的恐懼！倘若我不知道從樹冠上躍入空中的火焰會威脅到住家與人畜性命，它們很可能仍是某個美麗的景象。然而，這項察覺改變了我對眼前所見景象的感受。

許多人在看了一九八六年挑戰者號太空梭在美國佛羅里達州東部解體的轉播後，也經歷了同樣的經驗。在觀眾尚未得知眼前影像爲何之前，以爲佛州南部卡納維爾角蔚藍天空中翻滾如浪的白雲，是科技製造出來的驚人美麗奇景。然而，一旦他們知道出了嚴重事態，全部的太空人無一生還之後，棉絮般的白色雲團就褪去了美麗的外衣，成了全國揮之不去的痛苦與失落的象徵。

這條古老的原理，其內容相當簡單：雖然我們無能決定每一刻會發生**什麼事**，但我們確實有能力決定要對所發生的事抱持**什麼感受**。如此一來，我們就掌握了將最痛苦的經驗轉變爲有益生命之智慧的關鍵，而從中所獲得的智慧將成爲療癒的基礎。我在觀看陶斯大火的短短幾秒鐘之內，只因爲改變我對大火的感受，就改變了我的經驗。

美的力量

如今西方科學的新發現，更加證明了美是一股轉化力量。美不僅是用來描繪夕陽或夏末暴風雨後彩虹的形容詞，**美更是一種經驗**，確切的說法是，美是我們的經驗。人類被認爲是地球上唯一有能力從周遭世界及生活經驗感受到美的物種。透過對美的體驗，我們可以獲得改變體內感受的能力。而我們的感受，又直接與身體以外的世界有所聯繫。

古人相信感覺是宇宙中最強而有力的力量，**尤其是以「祈禱」形態展現的感覺**。如我們已討論過的，感覺和祈禱確實能直接影響世界上的有形物質。因此當我們說美的力量能改變生命時，也意味著同樣的美也具有改變世界的力量，這絕非誇張之詞！

關鍵在於，我們必須能夠超越世界帶給我們的傷痛、苦難和痛苦，認清美已存在於萬物之中。唯有如此，我們才能在生命中將祈禱的潛能與力量釋放出來。

在他人遍尋不得之處找到美

古今幾個最偉大的大師們以身作則，幫助我們探索對事物的理解。幾年前，世人失去了這樣一位大師——德蕾莎修女（Mother Teresa）。這位親近人士口中所稱的「母親」，緩緩走在她位於印度加爾各答住所附近的街道上，在人們不相信美能存在之處找到美。她會在巷弄水溝裡骯髒的垃圾和殘渣之間，在腐爛食物和難以辨認的屍體散發的惡臭和腐敗中，注意到路上的一坨牛糞，在牛糞上找到一朵花。她會在那朵花之中找到生命，在那生命之中找到這座城市街道中的美。

像德蕾莎修女這樣的大師，不需解釋、不需論辯、不需判別，他們相信美就是存在。美已經存在。美無時無刻無所不在。我們的任務就是去找出美。生命是一個機會，使我們得以在所有一切事物——從最深沉的痛苦到最大的喜悅——發現美，並轉變成維護我們生命與自身的標準。

德蕾莎修女透過自己全然的意志和決心，將信念中的簡約優雅應用在生命中，從此改變印度街上殘病瀕死者的命運，也就是所謂賤民自古以來揮之不去的污穢標籤。她與慈惠姊妹團（Sisters of Charity）的志工們，不覺得這些人「不如」人，每天出門尋找她們稱之爲「神的兒女」的人。在印度傳統中，這些人被社會、甚至是家人遺棄，修女和姊妹團將這些人帶回她們設立的收容所，使他們能於生前的最後時光擁有尊嚴與隱私。

至今，姊妹團仍持續著這項工作。我曾經專程去拜訪過她們的機構，發現這些姊妹正以無人能及的意志力及情感力量，日復一日地執行著高貴的任務。她們確實是行走在人間的天使。我經常想到姊妹團和德蕾莎修女，明白如果她們能在加爾各答的街道上找到美，那麼無論我身處在何地，都能找到美。

這就是美的力量。它的應用十分清晰，指示也很清楚明瞭。我們在生命中體驗到的美，是反映世間所有一切的藍圖。在這個以電腦化設備燒開水的高科技時代，我們很容易忽視生活中的美所賦予的力量。從量子理論所理解的世界，瞭解到我們內在的信念會成爲我們的外在世界時，還有什麼科技能比美更簡單、更具威力？

❶《先知以諾書》（*The Book of Enoch the Prophet*），R. H. Charles, trans, Boston, MA: Weiser, 2003, p. 5。

❷Begay, "Shonto Begay," *Indian Artist*, vol. 3, no. 1 (Winter 1997), p. 52。

❸當天風將火一分為二，火朝兩個不同方向延燒。消防隊員在幾天之內就控制了火勢。雖然土地被燒得焦黑，煙灰使水在短期間內不適合飲用，但陶司部落的損失輕微。

第五章

要領五：創造自己的祈禱

某天當風向完美時，只需張開帆，世界就充滿了美。
今天正是這樣的一天。

——魯米

祈禱是神和天使的語言。從記錄於《死海古卷》中的智慧到至今仍流傳於原住民文化中的信仰，這些傳承都説祈禱是一種奧妙的語言，能夠改變我們的身體、生命與世界。然而，在這些傳承之內，對於如何以最有效的方式「説出」祈禱的語言，則看法各異。幾個世代以來，每個信仰傳統都對何謂祈禱、其運作方式以及如何在生活中運用，各有其獨特的詮釋。追根究柢，我們發現祈禱的語言並無規則可言，也沒有任何對錯。祈禱存在於我們的內心，發之於自然而然，那就是感覺。

每個片刻你都在祈禱

西藏寺廟的住持描述祈禱就是一種感覺，他清晰地表達出這項在西方文化中失落已久的永恆智慧：「當你看見我們搖鈴、擊磬、打鑼、焚香時，你看見的是我們用來創造體內感覺的作爲。感覺即祈禱！」解釋完之後，他隨即以另一個問題回應：「在你們的文化中，你們如何祈禱？」

奇特的是，這樣一個問題以適當的方式、在適當的時間提出，竟能使我們過去無法整理敘述的信念具體成形。當我聽到住持提出的問題時，我必須深深自我扣問，以便解釋自己對於西方祈禱如何運作的信念。在那一刻，我才察覺到《聖經》的早期編輯對後世的全面影響。

當保存著情感及感覺的智慧之書在我們的信仰傳統中消失後，我們只能盡自己的力量來瞭解感覺與祈禱。如今，在十七個世紀後，我們竟生活在一個輕視感覺、否認感覺，有時甚至完全忽視感覺的文化中。特別是我們社會中的男性更是如此，但情形正在改變中。這就像是一千七百年來，我們一直在沒有操作手冊的情況下，使用著意識與感覺的宇宙電腦一般。到最後，連神職人員和當權者都忘記祈禱中感覺的力量。於是，我們開始相信口中說出的話就是祈禱。

若到街上、機場或購物中心請任何一個人說說何謂祈禱，他們差不多都會背誦熟悉的祈禱文來回應你。我們認爲，只要說出「現在我躺下睡覺」、「神是善美的神」及「我們在天堂的父」時，自己就是在祈禱。難道這些詞彙是「密碼」？難道留存至今的詞彙不是祈禱本身，而是某個人在很久以前用來創造內在祈禱**感覺**的方程式？若是如此，那麼其中的含意實在莫大無窮。

我們活在世上，無時無刻不在感覺著。即便我們或許不能隨時察覺到自己**感覺到什麼**，但我們還是持續感覺著。假使感覺是祈禱，不就意味著我們隨時都處於祈禱的狀態中？每個片刻都是祈禱。**生命就是祈禱**！我們隨時都在對著造物主的鏡子，發送出療癒或疾病、和平或戰爭、榮耀或侮辱等等相關訊息。「神之心」對我們的感覺和祈禱給予的回應，就是「生命」。

當祈禱不再有效時

一九七二年間，針對不同社群所記錄的冥想和祈禱效用的研究，清楚顯示出其結果並非巧合或僥倖。其他在嚴謹、可信賴的實驗控制環境中所進行的研究，也得出同樣結果。其效用是眞實不虛的，也都有檔案紀錄可資證明。

在研究者所謂的「窗口」期間——即受過冥想訓練的人在體內感受到「和平」的期間，周遭的眞實世界也反映出和平景象，研究清楚顯示觀察中的幾個關鍵指標在統計上都有顯著的降幅。如先前所述，交通事故、急診人次和暴力犯罪的數量都有減少。在和平的情境之中，和平是唯一可能出現的結果。這是很有意思的成果，但接下來發生的事情對研究人員來說卻一直是個謎。

當實驗結束後，暴力再度現身，某些地區的情況甚至比實驗之前更爲嚴重。這是怎麼一回事？爲何靜心冥想和祈禱的效用似乎停止了？這個問題的答案，可能就是瞭解失落的祈禱模式爲何能產生力量的關鍵所在。答案是，受訓者**停止了**

他們在做的事，他們停止了靜心冥想、停止了祈禱。

這些研究主要反映出生活在現代的我們，一直以來被教導的靜心冥想方式及祈禱方式。每一天，我們恪盡身爲生意人、學生、父母的角色該做的例行公事。然後在一天中的某個特定時刻，我們撥出一點「靈性時間」，或許在一天結束時，在碗盤都收拾乾淨、孩子們都上床、衣服也都洗好後，我們關起門來，點起蠟燭，播放靈性音樂，然後說出感恩的祈禱文，或進入平和的靜心冥想之中。在行禮如儀後，我們**停止**所做的一切。我們離開神聖的庇護所，回到「眞實的」世界。雖然以上敘述或許稍嫌誇張，但我想表達的是，我們的靜心冥想與祈禱往往只是我們在一天的某段時間所做的事，時間一到，**我們就停止了**。

倘若我們認爲祈禱是某種要**付諸行動**的儀式，那麼當然，在祈禱儀式結束時，祈禱的效用也會停止。假如我們認爲祈禱是將雙手合什置於胸前，並在這段時間說出一些話，那麼祈禱就眞的只是個短暫的經驗。然而，從二十世紀重新發現的古卷、原住民的祈雨及西藏寺廟住持的故事中，**我們知道祈禱不只是我們所做的事。祈禱，其實就是我們的存在狀態！**

這些古老的傳統邀請我們將祈禱視爲一種**常態**，而不是某種我們**偶爾**做的事情。我們不可能一天長跪二十四小時，喃喃念誦著古人留下的禱詞，直到我們無法再念誦下去爲止。事實上，我們也不需要這樣做，才能持續處於祈禱的狀態中。我們可以爲了世界和平而時時心懷感激，因爲世界上總有某個地方存在著和平。我們可以因爲關愛的人和自己得到療癒而心懷感激，因爲我們每天都在某種程度上獲得療癒與更新。

實驗的效力會消失，在於人們終止了祈禱。祈禱及靜心冥想的人以發自其內在的「美麗而狂野的力量」所維持的和平，在他們的願力停止時也會隨之消散。這或許正是愛色尼派人士透過他們於兩千年前留下的語言，試圖要對未來的人傳達的訊息。

愛色尼派使用的古老阿拉姆語（Aramaic）手稿的最新譯本，使我們終於明白爲何關於祈禱的記載總是語焉不詳、晦澀難懂。重新翻譯原始文件後，可以明顯看出經過幾十個世紀後，原始作者的用字及意圖已經受到了大幅修改。雖然都說這是爲了濃縮及簡化，但許多意涵都在編輯時喪失了。

關於祈禱的力量，我們比較現代《聖經》版本以及原始經文之後，才知道我們錯失了多少原意！現代精簡的欽定英譯本《聖經》（King James Version of the Bible）寫道：

> 你們奉我的名無論向父求什麼，
> 他必賜給你們。直到現在，你們沒有因我的名求什麼；
> 求罷！必會得到，好使你們的喜樂得以圓滿。❶

和原文比對後，才發現關鍵處被遺漏了：

> 從我的名之內，一切你坦白而直接請求的，你將獲得……
> 目前爲止，你尚未這麼做。
> 所以，不另帶動機坦率請求，令回應包圍你，
> **令所渴望的籠罩你，令你歡喜至極。**❷

這些文字使我們回想起量子原理所說的，**祈禱就是意識**，是一種我們置身其中的存在狀態，而不是每天固定時間要做的事情。這段經文以文字提醒我們的，正是住持和我的朋友大衛所分享的傳統智慧。我們必須在祈禱成爲眞實狀態**之前**，先在心中**感覺**到祈禱已經得到了回應。

在上述經文中，耶穌暗示他當時告知的對象並沒有這麼做。雖然他們可能**相信**自己已經眞心請求使祈禱獲得回應，但如果他們的請求只是訴諸「請讓這些事情發生」等字眼，耶穌說這不是宇宙認得的語言。他提醒門徒必須以有意義的方式對宇宙「訴說」。

一旦我們覺得自己彷彿受到已療癒的生命及關係所包圍，並且感覺籠罩在世界的和平氛圍之中時，那種感覺就是開啓通往所有可能性所需要的語言及祈禱。

憶起我們的力量

在經典童話《綠野仙蹤》中，只有當桃樂絲將鞋跟互敲三下，然後說出：「帶我回到嬸嬸艾姆的身邊！」她才能被送回親人身邊。我們都知道單純互敲自己的鞋跟，這個行爲本身並沒有任何「魔力」。否則，我們就會看見在星巴克咖啡館排隊，還有在公司會議室開會的人，演出敲鞋跟玩「出現和消失」的戲碼。桃樂絲說的那句話不是請求，而是命令。但她是對誰或對什麼下達命令呢？

她下命令的對象不是好女巫葛琳達，也不是讓周遭長翅膀的猴子施展魔法；那是給她自己的命令。穿著銀鞋的是桃樂絲自己，而那雙鞋在這段旅程上已成爲「力量主體」。摩西的手杖或約瑟夫的大衣❸爲其內在力量提供了焦點，桃樂絲的鞋子也具備同樣的功能。鞋跟互敲三下是桃樂絲內在的觸發點，讓她能**感覺到**彷彿已經回到家，果然只一瞬間工夫，她就到家了！

我們內在擁有神奇的力量，幾乎是普世共有的感受。當我們還是孩子時，就開始幻想自己有能力做一些超越理解及邏輯的事。有何不可？我們還是孩子時，那些說奇蹟不可能發生的規矩，並沒有成爲妨礙我們信念的限制。

既然我們都普遍認爲我們與更宏大的力量之間存在著**連結感**，而且我們對此連結又是如此渴求，那麼我們是否有可能保留了古老的連結配方，卻忘了如何在生命中使用它們？我們對於神話和魔法的記憶，是否在無意識中保留了失落祈禱模式的關鍵？如果感覺即祈禱，那麼這些問題的答案就可以大聲**說是**！基於這項可能性，讓我們來檢視某些熟悉的例子，看看祈禱的密碼如何在世代中流傳。

「主禱文」（Lord's Prayer）可能是最廣爲人知也最普遍的禱詞。這份禱文受到世界上近三分之一的人口——二十億基督教徒的崇敬，人們從這份古老密碼的字詞中得到慰藉與指引。在宗教活動中通常會念誦完整禱文，開始的兩句話被稱爲「大禱文」（the Great Prayer）：「我們在天上的父，願人都尊你的名爲聖。」

現在我要請你做個實驗，不要只是單純地念誦這些熟悉字眼，而是當你念誦大禱文時，試著大聲念出來，並且在腦海中注意到這些字帶來的**感覺**。當你親自對著創造整個宇宙以及你體內每個細胞的力量說話時，你有什麼感受？當你接受神的名是個神聖之名，只以榮耀和神聖的方式來稱呼祂時，有何感受？感覺這段禱文的方式，沒有所謂的對或錯。重點在於這些記錄於兩千多年前的文字，是設計用來**誘發感覺**的！這些文字不受時間及文化的限制，訴求的對象是我們內在固定不變的部分，亦即我們的心。不論這些文字在你心中創造出什麼感覺，**那感覺就是你自己的大禱文**。

《聖經》〈詩篇〉第二十三篇也是個具有相同作用的密碼。雖然這篇禱文通常是在有所需要（**如喪失親人**）時作爲慰藉用，但這份強而有力的密碼是爲存活者設計的，以便在他們心中創造寧靜。詩篇開始的第一句話：「耶和華是我的牧者，我必不至缺乏。」使我們開始感覺到在世間受到看顧。儘管經文的翻譯各異，但所有譯本中，**牧者**一詞始終不變。顯然這是刻意選用的字詞，因爲它具有強烈的隱喻，也因爲它在我們心中可以製造出蒙受照顧的感覺。

但最令人驚訝的慰藉密碼，卻是神爲了給這個世界祝福及和平的目的而設計的。這段於一九七九年發現的閉會祝福祈禱，原本鐫刻在兩條形如卷軸的銀片上。這段來自〈申命記〉（the book of Deuteronomy）第六章二十二至二十六節的經文，比《死海古卷》**還要早**四百年，被認爲是「古文物中最早的《聖經》經文」。在三段經文中，神給摩西一段要他與人分享的祝福。神透過其古老的指引，對摩西說：「這就是你必須祝福以色列的方法。」以下是祂對這段祈禱該如何使用的確切指示，祂給了摩西以下的密碼：

願耶和華祝福你並保有你。
願耶和華的慈顏光耀你，恩待你。
願耶和華抬起面容垂顧你，並賜給你平安。❹

祂給摩西的最終指示是：「這就是你呼喚我名的方式……如此我將祝福他們。」如此一來，祈禱本身透過使我們產生感受的字詞而得到保存。

整合

看到這裡，你應該已經看出本章的主題就是**感覺即祈禱**！請擁抱這項原則，因爲我們已得到讓每個祈禱都能獲得回應的最大祕密。關鍵在於，我們必須**成為我們想要在生活中經歷的**那些事物。假使你追求的是愛、慈悲、理解與滋養，就必須於自己的內在發展出這些品質，如此「神之心」才能將它們映照在我們的關係之上。假使你想要富足，那麼就必須先對生命中已有的富足心懷感謝。

在瞭解這一點，以及隱藏在美、祝福和傷痛後面的智慧之後，我們又該如何在生命中運用這一切？我們如何使用這些古老的祕密，以便度過生命中的艱困時期？要回答這個問題，最好的方式就是將這些關鍵套用在例子上來說明。

在第二章中，我曾以傑羅德的故事說明有時我們會在最料想不到的情勢與時刻，將自己帶到會引發最深傷痛的情況裡。以傑羅德的例子來說，他失去了所愛的一切，包括妻子、女兒、家庭和朋友；甚至連父母也暫時和他斷絕關係，因爲他爲他們的生命帶來痛苦。他在單純做出自覺必要的選擇後，漣漪效應直接將他帶入了靈魂的暗夜。

當傑羅德發現自己受困在暗夜裡之後，即有了選擇。他可以讓自己因爲重大的失落而一路往下跌，陷進深層的憤怒、悲傷、背叛及消沉的黑暗漩渦之中。或者，他可以向靈魂深處探索意志的力量，瞭解所發生的一切，將自己拉出傷痛，明白此後他會成爲更好的人。雖然我們絕對需要意志力來度過這類時刻，但只有意志的力量還不夠。我們無法單純使用意志力來擊退暗夜經驗，我們必須將這股力量投入某個程序之中。傑羅德則是採用下面的方式展開這段療癒過程。

● **傷痛是老師，智慧是訓示：**要療癒生命帶給我們的任何試驗，關鍵在於：只有在我們**準備好**受傷害時，才能受到傷害。也就是說，只有當我們已經具備療癒傷痛所需要的一切情緒工具之後，才會吸引能展現功力的經歷上門。這是在應對苦痛時相當微妙有力的祕密。

傑羅德之所以能創造出他所身陷的「一團亂」，純粹是因爲他已具備了建構理解力的基礎材料，這份理解力能爲生命的改變賦予意義。單是瞭解這一點就足以爲傑羅德帶來希望，帶給他觀看生命的新角度以及度過這段過程所需要的力量，使他不至於就此放棄。而祝福，正是他可以應用這份力量的地方。

●**祝福是情緒潤滑劑**：運用第三章提供的祝福程序，就能將傷痛暫時止住，讓其他事物有足夠時間取代傷痛。在傑羅德的例子中，我請他祝福所經歷的一切。他反問：「一切？」

「一切！」我回答。祝福要能成功，其關鍵在於對引發傷痛及承受傷痛的人有所認知。傑羅德從**祝福自己**開始，畢竟他是承受傷痛的人；接著，他祝福背叛他的女人，因爲他相信那是傷痛的來源。最後他祝福了所有見證這份傷痛的人，包括他的女兒、妻子、父母和朋友，他完成了整個過程。在祝福過程中，他暫時停止了自己的傷痛，時間久到足以讓其他事物能夠進入。所謂的「其他事物」，就是指看見事情全貌的能力，理解生命中一切看似無意義的事件。他透過在這段生命經驗中找到的新意義，在過程中找到了美。

●**美是傷痛的轉化器**：當我們能超越現有視野，看見某一情況中的對稱、平衡與取捨，就能開始瞭解事情之所以會發生的緣由。這就是魔法出現之處！當我們能夠理解傷痛，看見黑暗隧道末端的光明時，就會開始對所經歷的事產生不同感覺。其間差異是：我們的傷痛轉化成了智慧。而這就是**療癒開始**之處。

●**感覺即祈禱**：古老傳統提醒我們，世界映照出的正是我們在生命中所成爲的模樣；世界映照的是我們對於自己、對於他人以及最終與神的關係的感覺。如今科學證據也提出了同樣的看法，亦即我們於體內的感受會被傳遞到身體以外的世界。

對傑羅德和許多人而言，這種觀看事物的新方式與我們生平所接受的教育截然不同。它同樣也能使人重新掌握主控權。傑羅德在展開這個程序後的幾天內，已經能夠祝福並重新定義自己的傷痛和悲苦。他的關係幾乎立即開始回應他的祈禱。他在此一療癒的過程中，與前妻發展出健康的關係，這對他們兩人和女兒們都有益。此外，傑羅德很快就找到了另一段感情，反映出他對自我的新觀感。他與新伴侶一起展開一趟前妻或許會感到害怕的發現之旅。

傑羅德在此過程中療癒了自己靈魂的暗夜。我最後一次見到他是在一九九〇年，地點是在舊金山。他對我說：「天啊，眞高興暗夜已經過去了。我可不想再來一次！」

我說：「這或許會再發生。雖然你已經歷過一次暗夜，但並不表示再也不會有另一回。這只是表示你將有能力看見它發生，而且毫無疑問地知道在暗夜的另一邊是個更好的生活。」

創造自己的祈禱

我們在本章所說的一切，其基礎在於祈禱的禱文本身並非祈禱。即便禱文可能是美麗、古老、悠久的傳統遺產，但它們只是用來釋放出力量的**催化劑**。在此，**你**才是關鍵詞。一如電腦中的密碼會啓動一連串事件，我們說出的話語也會觸動體內的感受。但是不論是密碼或話語，被賦予意義之前，都不具任何力量。密碼就是電腦的操作系統；而我們的話語就是我們的感覺。

祈禱是個人的。能在我心中啓動強烈感恩或感謝之情的言語，對你可能效果不彰。而這就是你可以隨心所欲運用祈禱之處，你可以創造自己的祈禱！尋找那些對你獨具意義的語彙，那些能成爲你與上帝之間神聖而祕密的禱詞。

祈禱可以是一句簡單的陳述，內容是你所祈禱的事物已經完成。舉例來說，這類祈禱可以是你在每回關上車門，啓動引擎前往某處時，說出像這樣的句子：「感謝這趟平安出發、平安到家的旅程。」在祈禱時，要如同旅程已經順利完成一樣，感受那股感恩之情。

要以所有感官的感受來活化祈禱，你可以預見自己已經回到家中忙著，譬如從後車廂取出採購的物品，或在櫃架上疊放罐頭，或將蔬菜放進冰箱等。關鍵在於，從車子拿出採購的物品，或將物品收放起來，這些事情只有你平安回到家後才能做。透過感覺旅程彷彿已經完成的方式，你已爲一趟平安的旅程設下了強烈的意圖。

據說，達賴喇嘛離開家鄉逃亡時，在啓程跨越分隔西藏與印度山區的艱困旅程時就用了這樣的祈禱方式，彷彿在說著一段已經正確無誤的紀錄：「我看見了一段平安的旅程，以及平安的歸程。」

你若是詩情洋溢，也可以在較長節律的禱詞中展現你的創意。節律不僅容易記憶，也能變成日常習慣的一部分。重點是，要對它們所創造的感覺抱持感恩心態。我有個朋友每天開車上班時都會做這類的祈禱，他的家與工作地點隔了一座山，許多野生動物會在晨昏之際出現在公路遊蕩，造成意外傷亡。因此，每回他要走這一趟車程之前，都會這樣祈禱：「大小生靈，今日無危，眾生安寧。」

儘管這聽起來太過簡單，但我確實相信世界是這樣運作的：造物會回應我們想成爲的模樣，還有我們的感受。我那個多年來對所有生物祈禱的朋友，從未在通勤的路上誤撞過任何動物，或許這樣的事實並非巧合。他經常在路旁看見野生動物，或在特定地點看見牠們在他之前或之後穿越公路，他的祈禱每天都得到回應。

另一個朋友每次在商務旅途中也會做類似的事情。不論是搭飛機、坐計程車或自己開車，她在展開旅途之前，都會有以下的認知：即使是我們所謂的無生物，也擁有活生生的智能。因此在飛機起飛前，她會說：「這架我們以地球的塵土打造而成的機器，從它誕生的那刻起便爲我們服務。」

同樣的，這雖然聽起來很簡單，對某些人來說甚至是可笑的，但這些話語讓她能在自己與組成飛機的物質之間產生彼此相連的感受。在這**神聖的交融**之中，她因爲與擔負其自身安全的飛機之間建立起的某種連結，讓她能從中感受到掌控力，而不是單純期望這是一趟幸運的航程。

這些只是我碰到的幾個例子。在具備了祈禱如何運作的知識後，現在我邀請你創造屬於你自己的祈禱。好好享受創作的過程，並將你的禱詞與朋友分享。當你發現自己能自然而然透過祈禱詩的韻律而使祈禱落實、完整時，不用太訝異。我們還是孩童時，就知道這要怎麼做了，今天我們的孩子也知道要如何創作祈禱詩。我們可能會發現，透過這麼簡單且喜悅的創作片刻，我們運用的其實是汲取宇宙最強大力量的古老科技，而不只是個傻氣的遊戲！現在，你還以爲那不過是首簡單的詩嗎？

❶摘錄自欽定英譯本《聖經》〈約翰福音〉（*Holy Bible, Authorized King James Version,* John 16:23-24），Grand Rapids, MI: World Publishing, 1989, p. 80。

❷Neil Douglas-Klotz, trans., *Prayers of the Cosmos: Meditations on the Aramaic Words of Jesus* (San Francisco, CA: HarperSanFrancisco, 1994), pp. 86-87。

❸編按，出自《舊約聖經》〈創世記〉的故事，約瑟夫是雅各排行最小的兒子。

❹The New Jerusalem Bible, Standard Edition, Numbers 6:22-27 (New York: Doubleday, 1998), p. 133。該《聖經》版本重新收錄於第四世紀遭到修改或刪除之處。修復版本中也包括上帝原始的古老名稱YHVH，這在其他《舊約聖經》中被「阿多尼」（Adoni）、「主」（The Lord）及「聖名」（The Name）等稱呼取代了六千八百次。

BX0002T

無量之網2

正確祈禱，連結萬物為你效力！

Secrets of the Lost Mode of Prayer:
The Hidden Power of Beauty, Blessings, Wisdom, and Hurt

作　　者 桂格·布萊登（Gregg Braden）
譯　　者 達娃
責任編輯 田哲榮
封面設計 黃聖文
內頁排版 中原造像
校　　對 吳小微

發 行 人 蘇拾平
總 編 輯 于芝峰
副總編輯 田哲榮
業務發行 王綬晨、邱紹溢
行銷企劃 陳詩婷

出　　版 橡實文化 ACORN Publishing
地址：105臺北市松山區復興北路333號11樓之4
電話：02-2718-2001 傳真：02-2719-1308
網址：www.acornbooks.com.tw
E-mail：acorn@andbooks.com.tw

發　　行 大雁出版基地
地址：105臺北市松山區復興北路333號11樓之4
電話：02-2718-2001　傳真：02-2718-1258
讀者服務信箱：andbooks@andbooks.com.tw
劃撥帳號：19983379　戶名：大雁文化事業股份有限公司

印　　刷 中原造像股份有限公司
三版一刷 2022年08月
定　　價 350元
I S B N 978-626-7085-38-7

國家圖書館出版品預行編目 (CIP) 資料

無量之網 2：正確祈禱 , 連結萬物為你效力 ! / 桂格 . 布萊登 (Gregg Braden) 著 ;
達娃譯 . – 三版 . –
臺北市：橡實文化出版；大雁出版基地發行 , 2022.08
180 面 ; 17X22 公分
譯　自 : Secrets of the lost mode of prayer : the hidden power of beauty, blessings, wisdom, and hurt
ISBN 978-626-7085-38-7(平裝)

1.CST: 靈修　2.CST: 祈禱

192.1　　111010959